REVEILLE TON COEUR

Ouvrages du même auteur :

- *Un bonheur sans limites*, Editions du Serviteur, 1989.
- *Prier c'est quoi*, Editions du Serviteur, 1990.
- *François d'Assise, Troubadour de l'amour*, Editions Notre-Dame de la Trinité, 1989.
- *Rien que l'amour, dans les pas de Jean de la Croix*, Editions du Lion de Juda, 1991.

Floris-Gabriel

REVEILLE TON COEUR

Sur les pas de Silouane et des Pères du Désert

7e édition

EDITIONS DES BEATITUDES

ISBN 2-84024-020-3

Illustration de couverture : Floris-Gabriel

Cher Floris,

Tu as renoué ensemble les deux spiritualités catholique et orthodoxe, sans discours théologiques, sans assemblées oecuméniques, tout simplement, en priant, chantant et en jonglant avec tes petits dessins.

Merci !

Nathalie Sakharova
Russe orthodoxe,
Professeur à l'Université de Saint Pétersbourg

QU'EST-CE QUI NOUS MANQUE ?
PLUS QUE JAMAIS NOTRE MONDE ASPIRE À LA PAIX, À LA LIBERTÉ, À LA JUSTICE ...
ET PLUS QUE JAMAIS NOUS SOMMES DÉSORIENTÉS, DÉBOUSSOLÉS ...
CHEZ MOI
... PLOYANT SOUS LE POIDS DE NOS LIMITES, DE NOTRE FRAGILITÉ, DE NOTRE IMPUISSANCE RADICALE ...
SOUPIR
IL COMMENCE BIEN, CE BOUQUIN ! ...
LA TENTATION EST GRANDE DE TOUT LAISSER TOMBER :
ZAP
ZAP
ZAP
BOF ! C'EST NUL ...
... ET DE VIVRE COMME DES AUTOMATES ET DES SOMNAMBULES

MAIS SI NOUS PRENONS UN PEU DE TEMPS POUR NOUS GARER AU SOLEIL ...
P
QUELQUE CHOSE PEUT TOUT À COUP SE RÉVEILLER
COMME SI UNE VIE PROFONDE EN NOUS SE RÉVÉLAIT BRUSQUEMENT
?!
COMME UNE SOURCE QUI COMMENCE À JAILLIR ALLÈGREMENT
CE CÔTÉ LE PLUS DYNAMIQUE, CETTE FACE CACHÉE DE TON ÊTRE, C'EST LA VIE DE DIEU MÊME !
?!
JOIE ! DEPUIS MON BAPTÊME JE SUIS HABITÉ PAR LE CHRIST RESSUSCITÉ !

HÉLAS... MÊME DANS UNE VIE CHRÉTIENNE "TRÈS ENGAGÉE"...
CETTE VIE DIVINE RESTE SOUVENT ÉGARÉE QUELQUE PART AU FOND DE NOTRE ÊTRE
NOUS ÉPUISONS NOS FORCES ... DANS NOS RÉUNIONS, NOS PRÉPARATIONS,
RENDEMENT
NOS PRÉ-VISIONS
NOS REVENDICATIONS
ÉVANGILE
COMME SI L'ÉVANGILE ÉTAIT UN FARDEAU DE PLUS...
ET SI NOUS PRENIONS UN PEU PLUS DE TEMPS POUR ÊTRE À L'ÉCOUTE DU SEIGNEUR ?
IL Y AURA DES SURPRISES...
PEUT-ÊTRE QUE NOUS DÉCOUVRIRIONS NOTRE "R.C.A."...

TOUS NOUS PORTONS EN NOUS UN "RÉCEPTEUR CŒUR AMOUR"
BIP BIP
QUI FAIT BIP BIP À CHAQUE FOIS QUE DIEU T'APPELLE :
RCA
AU LIEU DE TOUT VOULOIR FAIRE PAR MOI-MÊME
JE LAISSE DIEU AGIR EN MOI !
ON VOIT LA DIFFÉRENCE !
MAIS OÙ EST-IL CACHÉ, CE RCA ? IL Y A UN TEL BAZAR CHEZ MOI ...
"IL Y A UN POINT PRÉCIS DE NOTRE ÊTRE OÙ NOUS NOUS ÉCOULONS EN DIEU, OÙ IL NE CESSE DE NOUS CRÉER.
C'EST "La cime de l'esprit" "La fine pointe de l'âme"
LE NOM LE PLUS ANCIEN C'EST LE CŒUR
André Louf
"Seigneur apprends-nous à prier" ed. Foyer NDame

LE CŒUR N'EST PAS L'INTELLIGENCE DISCURSIVE
NI LA SENSIBILITÉ OU L'AFFECTIVITÉ SUPERFICIELLE ...
LE CŒUR C'EST LE NOYAU LE PLUS SECRET DE NOTRE ÊTRE, LA RACINE DE NOTRE EXISTENCE
... LÀ OÙ LE PÈRE, LE FILS ET LE SAINT-ESPRIT CHANTENT SANS CESSE LEUR AMOUR
IL N'Y A QUE CET AMOUR QUI PEUT NOUS SAUVER DU NON-SENS ET DU DÉSESPOIR
NOTRE TÂCHE LA PLUS IMPORTANTE EST DONC DE RETROUVER ET DE RÉVEILLER NOTRE CŒUR !
DRRRiiiiii
iiNNG

ON PEUT T'EXPLIQUER CELA AU NIVEAU THÉORIQUE, MAIS.. HM... " CAUSE TOUJOURS, TU M'INTÉRESSES "!
ZZZ
IL FAUT QUE QUELQU'UN TE MONTRE PAR TOUTE SA VIE QUE JÉSUS EST VIVANT ! CETTE FOIS-CI J'AIMERAIS TE PARLER ...
D'UN MOINE RUSSE, LE STARETS **SILOUANE** :
TOUT EN NOIR ... QUELLE IDÉE !
...QUI SEMBLE ENCORE PLUS LOUFOQUE ET PLUS BIZARROÏDE QUE JEAN DE LA CROIX
MAIS JE SUIS SÛR QUE - SI TU PRENDS LE TEMPS ! - IL FERA VIBRER EN TOI DES FIBRES SECRÈTES DE **PAIX** ET D'ESPÉRANCE
JE CONNAIS DES PERSONNES QUI RIEN QU'EN LISANT SES ÉCRITS, ONT EU " LE COEUR TOUT BRÛLANT " (Luc 24,32)

EN CES TEMPS OÙ NOUS ESSAYONS DE CONSTRUIRE "LA GRANDE EUROPE",
CE LIVRE VEUT TE FAIRE GOÛTER À LA SPIRITUALITÉ RUSSE
...AVEC SA PRATIQUE DE "LA PRIÈRE DU CŒUR"...
POUR QUE L'EUROPE - DE L'EST ET DE L'OUEST - PUISSE RESPIRER AVEC SES "DEUX POUMONS"...
..POUR QUE DANS NOS STRUCTURES ÉCONOMIQUES ET POLITIQUES IL Y AIT DE NOUVEAU UN CŒUR QUI BATTE AU RYTHME DU CŒUR DE DIEU LUI-MÊME

TOUTES LES CITATIONS DE SILOUANE VIENNENT DU LIVRE DE L'ARCHIMANDRITE Sophrony, SON DISCIPLE :

Starets Silouane MOINE DU MONT ATHOS Editions PRÉSENCE

VS Vie de Silouane
ES Ecrits de Silouane
} AVEC FOIS LA PAGINATION

LES OUVRAGES SUIVANTS M'ONT DONNÉ DE L'INSPIRATION :

- "LA PRIÈRE DU COEUR" Jean Lafrance (abbaye Ste-Scholastique)
- "LA NOUVEAUTÉ DE L'ESPRIT" Paul Evdokimov (Abbaye Bellefontaine)
- "AU GRÉ DE SA GRÂCE" André Louf (DDB)
- "LA PRIÈRE DU COEUR" Jacques Serr et Olivier Clément (Abbaye Bellefontaine)
- "POUSTINIA" C. de Hueck Doherty (ed. du Cerf)
- "Bons mots et facéties des Pères du Désert" ed. de L'OEIL

AVERTISSEMENT AUX PARENTS ET AUX ÉDUCATEURS

CE LIVRE N'EST PAS SANS DANGER !

TU RISQUES D'ATTRAPER **LA MALADIE DE JÉSUS**.

UNE MALADIE QUI EST HYPER CONTAGIEUSE ET DONT ON NE GUÉRIT JAMAIS !

CHAPITRE UN

QUELQU'UN À FRAPPÉ ?

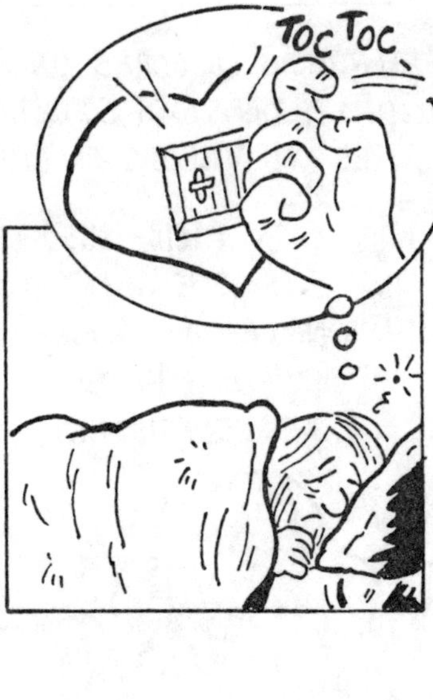

" Dieu s'est fait mendiant d'amour... repoussé, il attend à la porte de notre coeur

(Nicolas Cabasilas)

APRES LA VICTOIRE SUR NAPOLÉON (1814), LE TZAR DE RUSSIE, L'EMPEREUR D'AUTRICHE ET LE ROI DE PRUSSE
Sainte Hélène
REMODÈLENT L'EUROPE À LEUR GUISE, SANS TENIR COMPTE DES ASPIRATIONS POPULAIRES ...
EN RUSSIE SE FORME UN PROLÉTARIAT QUI VIT DANS DES CONDITIONS PIRES QU'AILLEURS EN EUROPE.
KARL MARX (1818-1883) DÉVELOPPE UN "SOCIALISME SCIENTIFIQUE" DANS "LE CAPITAL" (1867) QUI DEVIENT L'IDÉOLOGIE DES COMMUNISTES.
PROLÉTAIRES DE TOUS PAYS, UNISSEZ-VOUS !
LA RÉVOLUTION ARMÉE SE PRÉPARE ...

C'EST DANS CE CLIMAT TENDU, QU'EST NÉ EN 1866, SYMÉON IVANOVITCH ANTONOV, DANS UNE FAMILLE DE PAYSANS SIMPLES ET PIEUX, DANS LA PROVINCE DE TAMBOV, EN RUSSIE CENTRALE.
STOCKHOLM
ESTONIE
Saint PETERSBOURG
LETTONIE
MOSCOU
LITUANIE
TAMBOV
POLOGNE
KIEV
SAROV
AUTRICHE-HONGRIE
ROUMANIE
Mer noire
REÇOIS L'ESPRIT SAINT
HOSPITALIER, SON PÈRE IVAN REÇOIT UN JOUR UN DE CES VOYAGEURS QUI PARCOURENT L'IMMENSITÉ DE LA RUSSIE :
LA RELIGION N'EST QUE L'INSTRUMENT DU POUVOIR BOURGEOIS. C'EST L'OPIUM DU PEUPLE ! MARX L'A DIT...
D'AILLEURS, J'AI LU "LA VIE DE JÉSUS" D'ERNEST RENAN: LE CHRIST N'EST PAS DIEU !

SON PÈRE A BEAU LUI DIRE :
N'ÉCOUTE PAS CET IMBÉCILE !
DANS LE COEUR DE SYMÉON LE DOUTE S'EST INSTALLÉ ...
QUAND JE SERAI GRAND, J'IRAI CHERCHER DIEU, PAR TOUTE LA TERRE..
DE NOMBREUSES ANNÉES S'ÉCOULENT. SYMÉON DEVIENT UN GARÇON ARCHI-COSTAUD.
IL GAGNE SA CROÛTE COMME CHARPENTIER DANS L'ÉQUIPE DE SON FRÈRE
JE REVIENS D'UN PÈLERINAGE, J'AI PRIÉ SUR LA TOMBE D'UN GRAND SAINT : JEAN SEZÉNOVSKY "
(1791-1839)
SUR SA TOMBE SE PRODUISENT DES MIRACLES
ALORS DIEU EST AVEC NOUS !...JE N'AI PAS BESOIN DE PARCOURIR TOUTE LA TERRE !
LE SEIGNEUR EST MONTÉ AU CIEL, ET IL ATTEND QUE NOUS VENIONS À LUI ... AH, VIVRE AVEC DIEU. ÇA DOIT ÊTRE LE BONHEUR ! "
(ES 334)

DURANT TROIS MOIS SYMÉON S'ENFLAMME D'AMOUR POUR DIEU. MAIS APRÈS IL RECOMMENCE À VIVRE COMME LES AUTRES JEUNES ...
" QUAND ON EST PETIT, CELA VA JUSQU'À 10 OU 12 ANS, ON PRIE. APRÈS, C'EST LA GROSSE BAGARRE ET ON RISQUE DE NE PLUS PRIER ..."
(O. Clément)
IL EST DOUÉ D'UNE SOLIDE CHARPENTE : À MAINS NUES IL PEUT PRENDRE UN CHAUDRON DE SOUPE BOUILLANTE :
IL PEUT TENIR UN CHEVAL SOUS SON BRAS POUR POUVOIR BRISER LA GLACE AUTOUR DES SABOTS
VAS Y !
ET D'UN COUP DE POING IL CASSE DES PLANCHES ÉPAISSES
CRAC
IL PEUT BOIRE EN UNE SOIRÉE JUSQU'À TROIS LITRES DE VODKA SANS DEVENIR IVRE
'FAUT LE FAIRE !
APRÈS UN REPAS FESTIF, IL DÉVORE À LUI TOUT SEUL UN DESSERT PRÉPARÉ AVEC 50 ŒUFS ...
(VS 17)

"MAIS CETTE FORCE PHYSIQUE EST À CETTE ÉPOQUE LA CAUSE DE SON PLUS GRAND PÉCHÉ ..." (VS 17)
UN JOUR DE FÊTE AU VILLAGE, IL MET SON VOISIN EN CHARPIE, AVEC SA DROITE REDOUTABLE.
LE PAUVRE RESTE À MOITIÉ MORT PENDANT TROIS MOIS ...
LOTERIE
TCHOC!
QUEL SALE CARACTÈRE
IL VA Y AVOIR DE LA CASSE..

DE SON CÔTÉ, DIEU CONTINUE À FRAPPER (MAIS MOINS FORT) SUR LA PORTE DE SON COEUR COMME UN MENDIANT D'AMOUR :
TOC
TOC

CHAQUE ÉVÉNEMENT ET CHAQUE INSTANT SONT UNE PAROLE QU'IL NOUS ADRESSE POUR NOUS RÉVEILLER

MAIS SYMÉON FAIT LA SOURDE OREILLE ... EN PLUS, LES JEUNES FILLES LE REGARDENT COMME UN PARTI ENVIABLE.
LUI-MÊME A DRAGUÉ UNE D'ELLES, " ET IL LEUR ARRIVE, TARD UN SOIR, CE QUI ARRIVE SOUVENT... " (VS 16)
MON PETIT, OÙ ÉTAIS-TU HIER SOIR ? MON COEUR ME FAISAIT MAL ...
" CES DOUCES PAROLES DE MON PÈRE ONT PÉNÉTRÉ DANS MON ÂME... IL NE SE METTAIT JAMAIS EN COLÈRE, C'ÉTAIT UN HOMME PLEIN DE DOUCEUR ET DE SAGESSE. " (VS 16)
QUELQUE TEMPS PLUS TARD, SYMÉON A UN TERRIBLE CAUCHEMAR :
QUELLE HORREUR ! J'AI AVALÉ UN SERPENT !
OUI, CELA TE RÉPUGNE... DE MÊME, JE N'AIME PAS VOIR CE QUE TU FAIS ...
SYMÉON A LA PROFONDE CONVICTION QUE **LA VOIX** EST CELLE **DE LA SAINTE VIERGE** ...
PENSEZ DONC ! LA MÈRE DE DIEU EST VENUE DES CIEUX POUR M'INSTRUIRE !

LE GRAND TOURNANT DE SA VIE C'EST LE MOMENT OÙ IL SE MET À GENOUX POUR LAISSER À DIEU LA PREMIÈRE PLACE ...
" J'ÉTAIS BEAU, FORT ET AIMÉ DES AUTRES... J'EN ÉTAIS DEVENU VANITEUX ... TOUT CELA EST COMME DE LA FUMÉE QUE LE VENT EMPORTE "
(ES 319)
SYMÉON NE FAIT QUE RÉPONDRE À LA PRIÈRE DE DIEU QUI EST À GENOUX DEVANT LUI :
veux-tu de mon Amour ?
" TU PEUX ÉTUDIER LES CROYANCES RELIGIEUSES... SANS CONNAÎTRE LA VRAIE FOI "
(ES 268)
DIS PLUTÔT :
SEIGNEUR SI TU EXISTES, ÉCLAIRE-MOI ET JE TE SERVIRAI DE TOUT MON CŒUR !
" POUR CETTE PENSÉE HUMBLE, LE SEIGNEUR TE FERA DÉCOUVRIR : "
ES 283
COMME SON AMOUR EST GRAND !

CHAPITRE DEUX

LA GRÂCE D'ÊTRE PÉCHEUR

" Celui qui voit ses péchés
est plus grand que
celui qui ressuscite des morts "

(Isaac le Syrien)

" CE SECOND APPEL JOUE UN RÔLE DÉCISIF DANS LE CHOIX DE LA VOIE QUE SYMÉON VA DÉSORMAIS SUIVRE . "
(VS 19)
ATHOS
" LE SEIGNEUR NOUS DEMANDE DE L'AIMER DE TOUT NOTRE COEUR ... MAIS COMMENT AIMER CELUI QUE NOUS N'AVONS JAMAIS VU ? "
(ES 265)
DIEU PERMET QUE QUELQUE CHOSE EN NOUS S'EFFONDRE :
NOS BELLES CONSTRUCTIONS, ET NOS IDÉAUX QUI S'ÉCROULENT... NOS PROJETS.. NOS SÉCURITÉS ... TOUT S'EFFRITE !
FAUT-IL JOUER AU "SURHOMME" COMME NIETZSCHE POUR TOUT REBÂTIR ?
AVEC UNE VOLONTÉ DE FER !
MAIS TU AURAS TÔT-FAIT DE BAISSER LES BRAS :
PFFF... DIEU NE DEMANDE PAS AUTANT ...

RANGE-TOI PLUTÔT AU MILIEU DES PAUVRES DE L'ÉVANGILE : LES MENDIANTS, LES INFIRMES, LES MAL AIMÉS ...
CEUX QUI ONT BESOIN D'UN SAUVEUR !
SOS
CAR HORS DE LA CONVERSION, TU NE PEUX PAS RENCONTRER LE VRAI VISAGE DE DIEU
UN JOUR DE FÊTE AU VILLAGE, SYMÉON RENCONTRE UN VIEUX COPAIN QUI AVAIT TUÉ UN HOMME, ET QUI DANSE MAINTENANT LA "CHECHOTKA", LA CÉLÈBRE DANSE RUSSE.
COMMENT DONC ETIENNE, PEUX-TU JOUER ET DANSER, TOI QUI AS TUÉ QUELQU'UN ?
QUAND J'ÉTAIS EN PRISON J'AI BEAUCOUP PRIÉ DIEU POUR QU'IL ME PARDONNE...
UN JOUR, PENDANT MA PRIÈRE, MON COEUR RESSENTIT UNE GRANDE JOIE ! JE SAVAIS : DIEU M'AVAIT PARDONNÉ ! ALLÉLUIA !
DEPUIS CE JOUR SYMÉON A COMPRIS QUE JÉSUS EST VENU POUR LES PÉCHEURS !
" SI LE SEIGNEUR NE M'AVAIT PAS FAIT CONNAÎTRE SA MISÉRICORDE, JE SERAIS DÉSESPÉRÉ... MAIS MAINTENANT IL A SÉDUIT MON ÂME ! "
(ES 263)

CETTE DÉCOUVERTE EST "UNE RÉVOLUTION COPERNICIENNE" :
C'EST LA TERRE QUI TOURNE AUTOUR DU SOLEIL ... ET NON LE CONTRAIRE !
?!
CE N'EST PLUS MOI AU CENTRE DE L'UNIVERS ...
MOI
†
MAIS LE CHRIST A LA PREMIÈRE PLACE ET JE ME REÇOIS DE LUI !
†
MOI
TU ES RETOURNÉ COMME UNE CRÊPE ... POUR TE TOURNER VERS UN AUTRE.
TU NE PEUX PAS FABRIQUER CETTE EXPÉRIENCE, MAIS "TU PEUX LA DÉSIRER DE TOUTE TON ÂME" (ES 283)
S'IL TE PLAÎT !
ÇA N'A RIEN À VOIR AVEC UNE "MAUVAISE CONSCIENCE" :
GAFFEUR ...
LA CONVERSION VEUT DIRE : "JE NE PASSE PLUS À CÔTÉ DE L'ESSENTIEL !"

IL NE SUFFIT PAS DE TE CONVERTIR UNE SEULE FOIS DANS TA VIE :
ARRIVÉ !
TOUJOURS ET SANS CESSE IL FAUT SORTIR DE TON ÉGOÏSME, DE TA TRISTESSE, DE TES PEURS...
AINSI LES DISCIPLES DE SISOÈS LE GRAND VIENNENT VOIR LEUR MAÎTRE SUR SON LIT DE MORT :
QUE DEVRAIS-JE VOUS DIRE ?... JE NE SUIS PAS ENCORE CONVERTI...
SE CONVERTIR OU SE REPENTIR, C'EST RECONNAÎTRE : " JE T'AI RENIÉ, ET TRAHI... J'AI CRUCIFIÉ L'AMOUR " !
C'EST DÉPOSER SON ÊTRE - AVEC SON IMPUISSANCE RADICALE - AU PIED DE LA CROIX : "ENFIN, JE ME LAISSE AIMER" !
ENFIN !
ENFIN !

SEUL LE FEU DÉVORANT DE L'AMOUR DE DIEU PEUT CASSER TON CŒUR DE PIERRE
LA CONVERSION EST UNE NOUVELLE NAIS-SANCE DANS LE SEIN DE MARIE .. POUR RETROUVER LA SOUPLESSE D'UN ENFANT
CETTE GRÂCE, IL FAUT LA DEMANDER SANS CESSE À L'ESPRIT SAINT, DANS LE SACREMENT DE LA RÉCONCILIATION (confession)
POUR NE PAS TOMBER DANS UN NOUVEAU MORALISME COINCÉ ... OU UN LAISSER-ALLER :
REGLEMENT
'Y A PAS DE PÉCHÉ...
PRIE LA VIERGE MARIE, QU'ELLE T'AIDE À DÉCOUVRIR LE VRAI VISAGE DE DIEU : "EXTRÊMEMENT DOUX, MISÉRICORDIEUX ET BON" (ES 333)
LE SEIGNEUR AIME LE PÉCHEUR REPENTANT ; SANS LUI FAIRE DE REPROCHES (ES 348)
OÙ ÉTAIS-TU MON ENFANT ? JE T'ATTENDS DEPUIS LONGTEMPS ...
(Luc 15, 11-32)

LE SIGNE QUE TON CŒUR SE LIBÈRE EST LE MOMENT OÙ COMME L'APÔTRE PIERRE TU "PLEURES AMÈREMENT"
" LA SOURCE DES LARMES APRÈS LE BAPTÊME EST QUELQUE CHOSE DE PLUS GRAND QUE LE BAPTÊME ! "
(Jean Climaque)
NE LA CONFONDS PAS AVEC UNE SENTIMENTALITÉ LARMOYANTE OU UNE CRISE D'HYSTÉRIE ...
BOUHOUHOU !
C'EST PLUTÔT "UN SENTIMENT D'HUMBLE ATTENDRISSEMENT" (ES 378) "UN ÉMERVEILLEMENT SANS FIN" (ES 333)
QUEL SEIGNEUR NOUS AVONS !
QUAND TU REÇOIS LE DON DES LARMES, C'EST L'ESPRIT SAINT QUI PLEURE DOU-CEMENT EN TOI ... COMME UNE VERSION BYZANTINE DU CHANT EN LANGUES.
CE "CHANT DES LARMES" EST UNE DES CLÉS DE L'ART LITURGIQUE ORTHODOXE ET DE SON ICONOGRAPHIE

DIEU EST UNIQUEMENT SÉDUIT PAR TA MISÈRE !
C'EST LÀ OÙ IL T'ATTEND, C'EST LÀ OÙ SE CACHE SA MISÉRICORDE !
MAIS SA MISÉRICORDE NE SE FAIT PAS COMPLICE DE NOTRE MAL :
DIEU ME PARDONNERA
C'EST HUMAIN !
SON AMOUR TOUCHE TON CŒUR ENDURCI POUR LE GUÉRIR, ET TE "DONNER LA FORCE DE VAINCRE LE PÉCHÉ" (ES 349)
" RECOURONS AU REPENTIR, ET ALORS NOUS VERRONS L'AMOUR DU SEIGNEUR " (ES 388)
AINSI SYMÉON RÉUSSIT À CONVAINCRE UN AMI À ÉPOUSER LA FILLE QU'IL A RENDUE ENCEINTE :
PRÉPAPA
PLUS TARD, LES MOINES DEMANDERONT À SYMÉON : (VS 20)
POURQUOI TOI, TU N'AS PAS ÉPOUSÉ LA FILLE QUE TU AS CONNUE ?
J'AI BEAUCOUP PRIÉ ET PENDANT MON SERVICE MILITAIRE ELLE A ÉPOUSÉ UN MARCHAND DE GRAIN... ILS FURENT HEUREUX..

IL N'Y A PAS QUE LA MISÈRE DE NOTRE PÉCHÉ, IL Y A AUSSI LA PAUVRETÉ RADICALE DE "NOTRE CONDITION HUMAINE" :
CE QUE LES MOINES D'ORIENT APPELLENT "LA MÉMOIRE DE LA MORT". JEAN CLIMAQUE :
PRIEZ SOUVENT DANS LES TOMBEAUX ... POUR QUE LA MORT DEVIENNE FAMILIÈRE !
MAIS PAS BESOIN DE METTRE UN CRÂNE SUR LA TABLE POUR T'EN SOUVENIR ...
CHAQUE JOUR NOUS FAISONS CETTE EXPÉRIENCE :
TOUT PASSE .. TOUT CASSE ... TOUT LASSE ...
"PAS D'AUTRE RESSOURCE CONTRE CETTE TENTATION DE DÉSESPOIR QUE DE ME JETER AU PIED DU TABERNACLE ..."
DISAIT LE CURÉ D'ARS
"COMME UN PETIT CHIEN AU PIED DE SON MAÎTRE !"
CAR LE CHRIST CRUCIFIÉ A TRIOMPHÉ DE LA MORT, POUR NOUS OFFRIR LA RÉSURRECTION !

"HEUREUX LE PÉCHEUR QUI SE TOURNE VERS DIEU" (ES 343) SON COEUR SE RÉVEILLE !
"IL RESSENT CLAIREMENT QUE LE SEIGNEUR EST UN PÈRE POUR NOUS; QU'IL EST NOTRE PARENT LE PLUS INTIME !" (ES 340)
Ô MES FRÈRES DE TOUTE LA TERRE ! REPENTEZ-VOUS ALORS QU'IL EST ENCORE TEMPS ! VOUS AUREZ LA JOIE ET LA LIBERTÉ !
?
TOUS NOS PÉCHÉS SONT DEVANT DIEU COMME UNE GOUTTE D'EAU DANS LA MER ...
"LES EFFETS DE SA BONNE INFLUENCE SE MANIFESTENT" : DES ENNEMIS SE RÉCONCILIENT, DES COUPLES SÉPARÉS SE RETROUVENT (VS 21)
"LÀ OÙ RÈGNE LE PARDON, LÀ RÈGNENT AUSSI LA LIBERTÉ ET L'AMOUR" (ES 315)

SYMÉON PEUT DIRE AVEC SAINT ANTOINE :

" DÉSORMAIS, JE NE CRAINS PLUS DIEU ... JE L'AIME ! "

(ES 341)

SYMÉON A PRIS SA DÉCISION : IL PART AU MONASTÈRE ORTHODOXE DU MONT-ATHOS.
EN "QUITTANT PÈRE, MÈRE, ENFANTS ET TERRE " LE CHRÉTIEN REÇOIT DE DIEU LE DON DE L'AMOUR POUR TOUT ET POUR TOUS
T'A PAS OUBLIÉ TES GROSSES CHAUSSETTES

MAIS IL VA D'ABORD VOIR LE CÉLÈBRE PÈRE JEAN DE CRONSTADT (1829-1908)
" JE FUS FRAPPÉ PAR LA PUISSANCE DE SA PRIÈRE "
" LE PEUPLE L'AIMAIT, TOUS VENAIENT LE VOIR, CE N'EST PAS ÉTONNANT, LE SAINT-ESPRIT ATTIRE À LUI LE CŒUR DES HOMMES "
(ES 428)
" O PÈRE JEAN, MAINTENANT TU VIS AUX CIEUX ET TU ES NOTRE GRAND INTERCESSEUR.
JE RENDS GRÂCE À DIEU DE T'AVOIR VU, CAR PAR TES PRIÈRES J'AI QUITTÉ LE MONDE ET JE SUIS ARRIVÉ AU MONASTÈRE, OÙ J'AI VU LA GRANDE TENDRESSE DE DIEU . "
(ES 429)

CHAPITRE TROIS

DANS LE JARDIN DE LA MÈRE DE DIEU

" Réjouis-Toi Marie,
Tu as mis au monde le Fils de Dieu,
et Tu nous as ouvert le ciel,
à nous qui marchons sur la terre "

(Canon de St. André)

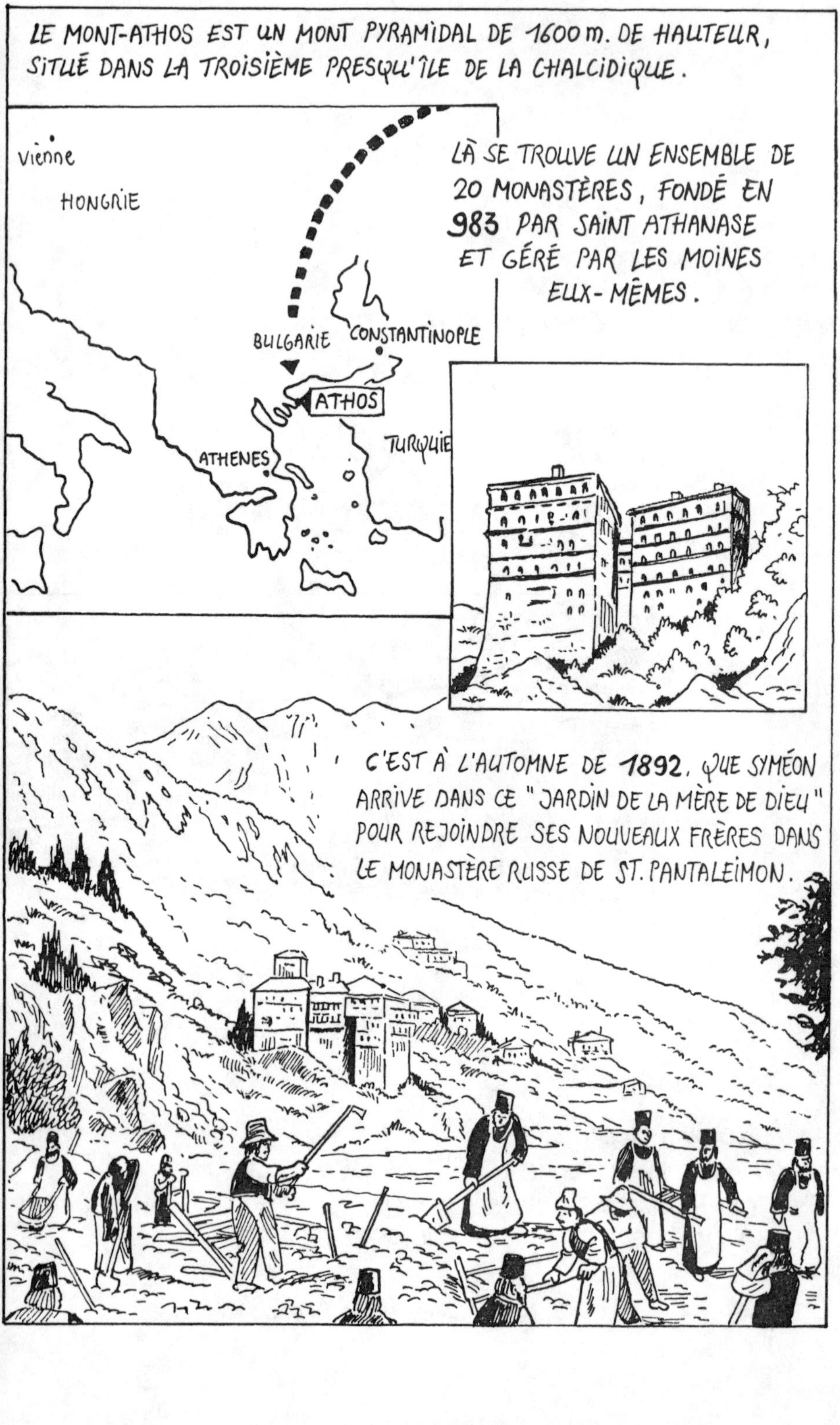
LE MONT-ATHOS EST UN MONT PYRAMIDAL DE 1600 m. DE HAUTEUR, SITUÉ DANS LA TROISIÈME PRESQU'ÎLE DE LA CHALCIDIQUE.
VIENNE
HONGRIE
BULGARIE
CONSTANTINOPLE
ATHOS
ATHENES
TURQUIE
LÀ SE TROUVE UN ENSEMBLE DE 20 MONASTÈRES, FONDÉ EN 983 PAR SAINT ATHANASE ET GÉRÉ PAR LES MOINES EUX-MÊMES.
C'EST À L'AUTOMNE DE 1892, QUE SYMÉON ARRIVE DANS CE "JARDIN DE LA MÈRE DE DIEU" POUR REJOINDRE SES NOUVEAUX FRÈRES DANS LE MONASTÈRE RUSSE DE ST. PANTALEIMON.

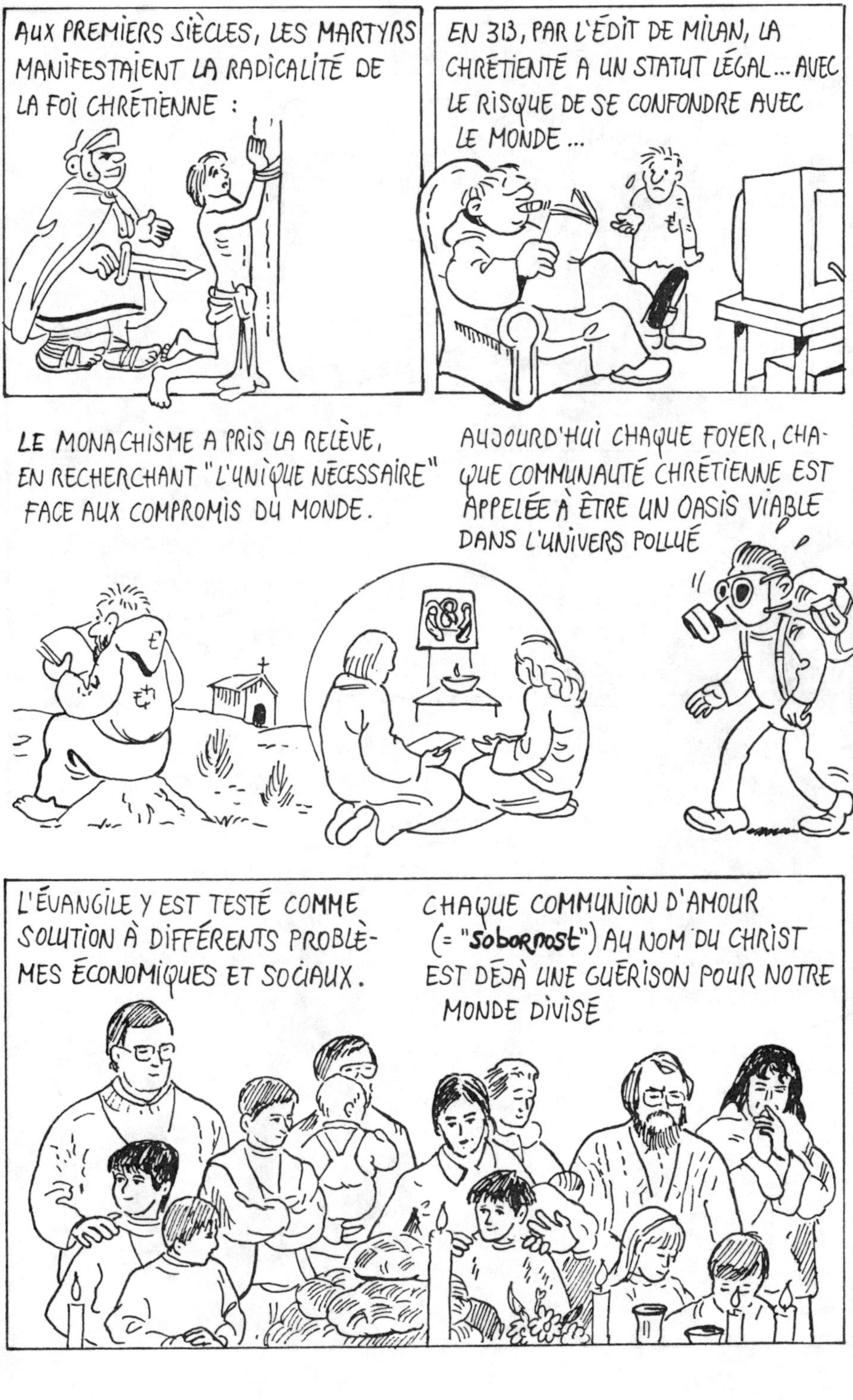
AUX PREMIERS SIÈCLES, LES MARTYRS MANIFESTAIENT LA RADICALITÉ DE LA FOI CHRÉTIENNE :
EN 313, PAR L'ÉDIT DE MILAN, LA CHRÉTIENTÉ A UN STATUT LÉGAL... AVEC LE RISQUE DE SE CONFONDRE AVEC LE MONDE...
LE MONACHISME A PRIS LA RELÈVE, EN RECHERCHANT "L'UNIQUE NÉCESSAIRE" FACE AUX COMPROMIS DU MONDE.
AUJOURD'HUI CHAQUE FOYER, CHAQUE COMMUNAUTÉ CHRÉTIENNE EST APPELÉE À ÊTRE UN OASIS VIABLE DANS L'UNIVERS POLLUÉ
L'ÉVANGILE Y EST TESTÉ COMME SOLUTION À DIFFÉRENTS PROBLÈMES ÉCONOMIQUES ET SOCIAUX.
CHAQUE COMMUNION D'AMOUR (= "sobornost") AU NOM DU CHRIST EST DÉJÀ UNE GUÉRISON POUR NOTRE MONDE DIVISÉ

ET LA VIE FRATERNELLE, CE N'EST PAS TRISTE !
TU VEUX APPRENDRE LA MENUISERIE ?
NON, JE VEUX SAVOIR CE QUE DIT UN MOINE QUAND IL SE TAPE SUR LE DOIGT ...
MON LIVRE A-T-IL SERVI À MIEUX COMPRENDRE LA BIBLE, SYMÉON ?
AU CONTRAIRE, PÈRE BENJAMIN, J'AI DU ME SERVIR DE LA BIBLE POUR COMPRENDRE TON LIVRE ...
J'ESPÈRE L'ANNÉE PROCHAINE FÊTER TES 101 ANS PÈRE ONÉSIPHORE !
POURQUOI PAS, CHER SYMÉON, CAR TA SANTÉ ME SEMBLE EXCELLENTE ...
"Bons mots et facéties" ed. de l'ŒIL

COMME TOUS "LES GENS NORMAUX" LE MOINE RIT, JOUE, TRAVAILLE, MANGE SA GLACE ET FAIT SA SIESTE
HAHA
ZZZZ
MAIS C'EST "UN HOMME QUI PRIE ET QUI PLEURE POUR LE MONDE ENTIER ; C'EST EN CELA QU'EST SA PRINCIPALE OCCUPATION"
(ES 370)
LES MOINES ET LES MONIALES NOUS RAPPELLENT QUE NOUS SOMMES TOUS APPELÉS À "UN MONACHISME DU CŒUR"
CAR TOUS NOUS SOMMES CRÉÉS À L'IMAGE D'UN DIEU-TRINITÉ, ET DONC FAITS POUR LE VISAGE ET LE BAISER ...
MAIS L'HOMME A ORIENTÉ CE DYNAMISME D'ADORATION VERS LA RICHESSE, LE POUVOIR, LE PLAISIR, AU MÉPRIS DES AUTRES ...
AVEC MILLE IDOLES POSSIBLES ... ET LE VERTIGE DU NON-SENS ...
I ♡
I ♡
I ♡
I ♡
I ♡ ... PERSONNE !

AU LIEU D'OFFRIR ET DE TRANS-
FIGURER CE MONDE, L'HOMME
A VOULU LE DOMINER, L'EXPLOITER
JÉSUS EST VENU CRIER LE DÉSIR DU
PÈRE QUI CHERCHE DES ADORATEURS,
AVEC QUI IL POURRA PARTAGER SA
TENDRESSE (Jean 4,23)
"TU DIRAS PEUT-ÊTRE QU'ILS N'EXIS-
TENT PLUS DE NOS JOURS, CES MOINES
QUI PRIENT POUR TOUS LES HOMMES ..."
ABBAYE DU
XIVe SIECLE
" MAIS JE TE DIS QUE DE GRANDS
MALHEURS ET LA DESTRUCTION
MÊME DE L'UNIVERS SURVIENDRA
S'IL N'YA PLUS DE PRIANTS ... "
(ES 371)
TANT D'HOMMES ET DE FEMMES
(MARIÉS OU CÉLIBATAIRES) REÇOIVENT
AUJOURD'HUI AU CŒUR DU MONDE
LEUR MISSION DE "PRIANTS"
POUR TRANSFORMER ET GUÉRIR L'UNI-
VERS COSMIQUE ET INTRODUIRE LA
PRIÈRE AU CŒUR DE L'HUMANITÉ.

À L'ÉPOQUE DU JEUNE SYMÉON "LES HOMMES APPRÉCIENT HAUTEMENT LES SCIENCES TERRESTRES" (ES 306)
" CELUI QUI N'AIME PAS PRIER EST CURIEUX D'EXPLORER TOUT CE QU'IL VOIT SUR LA TERRE ET AU CIEL ; MAIS DU SEIGNEUR IL NE S'EFFORCE PAS DE L'APPRENDRE " (ES 326)
LA RELIGION EST DÉPASSÉE ... LA VÉRITÉ NE PEUT VENIR QUE DE LA SCIENCE !
Auguste Comte (1798-1857)
"C'EST L'ORGUEIL QUI EMPÊCHE D'AVOIR LA FOI. L'ORGUEILLEUX VEUT TOUT COMPRENDRE PAR SA SCIENCE, MAIS DIEU NE SE RÉVÈLE QU'AUX HUMBLES " (ES 325)
QUAND L'HOMME ATTEND TOUT D'UNE CLASSE, D'UN PARTI, D'UNE NATION., DE L'ART OU DE LA SCIENCE,
I ♡ PN
I ♡ OM
IL DEVIENT UN ATOME PERDU DANS LA MASSE :
LES TEMPS DU "NIHILISME" SONT VENUS : " OÙ EST DIEU ? NOUS L'AVONS TUÉ ! " (Nietzsche)
JE SENS LE SOUFFLE DU VIDE ...
AU DIEU INCONNU

NOUS VOYONS - UN SIÈCLE PLUS TARD - QUE CE MATÉRIALISME CLOS FAIT EXPLOSER UNE "MYSTIQUE SAUVAGE"
L'HOMME DIVISÉ, MORCELÉ, SE LAISSE SÉDUIRE PAR LE RÊVE DE FUSION AVEC DIEU ET LE COSMOS...
MAIS LA GRÂCE DE DIEU N'EST PAS UNE "ÉNERGIE COSMIQUE" QU'ON PEUT CAPTER PAR DES TECHNIQUES SECRÈTES...
NEW AGE
C'EST POURQUOI NOUS AVONS BESOIN DE "VRAIS ADORATEURS"... NON, LA PRIÈRE N'EST PAS UNE FUSION CHIMIQUE !
"LES HOMMES REJETTERAIENT TOUTES LEURS SCIENCES ET LEURS TECHNIQUES" S'ILS CONNAISSAIENT LA SCIENCE DE L'AMOUR ! (ES 307)
SEUL CET AMOUR FOU PEUT TRANSFORMER NOS STRUCTURES, NOS SYSTÈMES ET NOS RELATIONS POLITIQUES ET ÉCONOMIQUES !

MAIS RETOURNONS AU MONT ATHOS : POUR BIEN COMMENCER SON NOVICIAT, SYMÉON VA SE LAVER DANS LE SACREMENT DE PÉNITENCE.
CE QUE LES RUSSES APPELLENT "Le baiser du Christ."
TOUS TES PÉCHÉS SONT PARDONNÉS ! MAINTENANT COMMENCE UNE VIE NOUVELLE...

"INEXPÉRIMENTÉ ET NAÏF, FRÈRE SYMÉON S'ABANDONNE À LA JOIE..."
(VS 24)
GOSPODI ... POMILUI
PENDANT LES LONGUES HEURES DE PRIÈRE
ET LE TRAVAIL AU MOULIN
FARINE
ALORS, AVEC DIEU IL N'Y A JAMAIS PLUS DE PROBLÈMES ?

NE TE TROMPE PAS ! AVEC DIEU DANS TA VIE ... LES ENNUIS COMMENCENT !
" TU VIS EN PENSANT QUE TOUT EST BIEN ET EN ORDRE DANS TON ÂME ..." (ES 299) MAINTENANT TU VOIS QU'IL FAUT FAIRE ...
UN SACRÉ MÉNAGE !
C'EST LE DÉBUT DU COMBAT, **LE COMBAT DE L'AMOUREUX QUI VEUT SAUVER SON AMOUR,**
DES PENSÉES DE VANITÉ ET DE DOUTE COMMENCENT À TROUBLER LA PAIX : (ES 413)
T'ES UN SAINT MAINTENANT !!!
MAIS TU NE SERAS PAS SAUVÉ !...
HELL
VA DANS LE MONDE ET MARIE-TOI !
LES TOURMENTS AUGMENTENT... LE COURAGE DU JEUNE NOVICE L'ABANDONNE ...

UN MOINE DEMANDAIT À ABBA MOÏSE :
LES JEÛNES, LES VEILLES... QUE VALENT-ILS ?
ILS N'ONT PAS D'AUTRE EFFET QUE D'ABATTRE L'HOMME EN TOUTE HUMILITÉ...
LE CÉLÈBRE PÈRE MACAIRE LE GRAND ET SON DISCIPLE ÉVAGRE LE PONTIQUE ONT ANALYSÉ CETTE CRISE :
C'EST UN ÉTAT DE DÉSARROI TOTAL... MENTIONNÉ PAR LE TERME "AKÈDIA"
C'EST REMBOURSÉ PAR LA SÉCU ?
TOUT EST MIS EN QUESTION...
ENTRE DIEU ET L'ÂME, IL N'Y A QUE DU VIDE...
MERCI POUR LES PRÉCISIONS...
Y-A-T-IL RUPTURE DE CONTRAT DE LA PART DE DIEU ?
CHAPELLE

"N'ESSAIE PAS DE FUIR CETTE PÉRIODE DE LUTTE, CAR LA PAIX ET LA JOIE SUCCÉDERONT AU DÉMON DE L'AKÉDIA"
(EVAGRE)
?
QUAND TU TOUCHES LES LIMITES DE TES PROPRES FORCES, TU COMMENCES À COMPTER UNIQUEMENT SUR LA GRÂCE DE DIEU !
SOUCIS
ÉCHE
"C'EST LORSQUE LE CŒUR EST FANÉ, QUE DIEU INTERVIENT POUR ENVOYER LA FORCE SAINTE"
(MACAIRE)
AU PLUS PROFOND DE CE DÉLAISSEMENT, SYMÉON VOIT UN SOIR À LA CHAPELLE
(ES 414)
LE CHRIST VIVANT !

TOUT L'ÊTRE DU JEUNE NOVICE EST REMPLI DU FEU DE LA GRÂCE DE L'ESPRIT SAINT !
LE SEIGNEUR EST MISÉRICORDIEUX... MAINTENANT MON ÂME LE SAIT ! MAIS IL M'EST IMPOSSIBLE D'ÉCRIRE CELA AVEC DES MOTS...
(ES 255)
À CETTE MÊME ÉPOQUE, DANS UN COUVENT EN NORMANDIE, UNE JEUNE CARMÉLITE VIT LA MÊME EXPÉRIENCE (MAIS SANS APPARITION) :
AVEC TOUTE SA MISÈRE ET SA PAUVRETÉ ELLE S'OFFRE À L'AMOUR DE DIEU...
LISIEUX
C'EST **LA PENTECÔTE** SUR **L'EUROPE** !
" DEPUIS CET HEUREUX JOUR L'AMOUR ME PÉNÈTRE ET M'ENVIRONNE, IL ME RENOUVELLE ET ME PURIFIE SANS CESSE " !
ATHOS

SILOUANE AU MONT ATHOS
ET THÉRÈSE À LISIEUX
ÉTAIENT TOUS LES DEUX
PLONGÉS AU COEUR DE L'ÉVANGILE :
DIEU N'A PAS BESOIN DE TES GRAN-
DES ŒUVRES, TES EXPLOITS,
TON HÉROÏSME ...
DIEU N'EST PAS LA ROXANE DE
CYRANO QUI ATTEND LES VERS
SUR SON BALCON :
ENCORE !
L'EFFORT QU'IL TE DEMANDE C'EST
DE TE JETER COMME UN PETIT ENFANT,
AVEC TES PEURS, TES COMPLEXES,
TES "JOURNÉES RATÉES" ...
DANS LE FEU
DE SA MISÉRICORDE !

CHAPITRE QUATRE

FAIRE LA ROUTE AVEC JÉSUS

Abba Macaire demanda à une sœur ermite qui ne quitta jamais son ermitage : "que fais-tu là tout le temps assise" ?

Elle lui répondit :

" Je ne suis pas assise...
je fais la route avec Jésus " !

LE REGARD DU CHRIST A POUR TOUJOURS BOULEVERSÉ LE CŒUR DE SYMÉON DEVENU LE MOINE SILOUANE (SYLVAIN EN FRANÇAIS) PAR SA PROFESSION EN 1896.
"CROIRE EN DIEU EST UNE CHOSE, MAIS LE CONNAÎTRE EN EST UNE AUTRE" ! "CONNAÎTRE" DANS LA BIBLE VEUT DIRE
AU SENS FORT
FAIRE L'AMOUR AVEC !
THEO
EXTÉRIEUREMENT LA VIE NE CHANGE PAS...
FARINE
MAIS RIEN N'EST PLUS COMME AVANT !
I ♡
SILOUANE PENSE QU'IL VA SUCER DU CARAMEL JUSQU'À LA FIN DE SA VIE..
MAIS LA GRÂCE SENSIBLE DIMINUE..
... JE N'ARRIVE PAS À DEMEURER DANS CET ÉTAT !
(ES 386)

LA PRIÈRE COMMENCE LE JOUR OÙ TU DÉCOUVRES LE REGARD D'AMOUR DU CHRIST, "DOUX ET PAISIBLE" ...
(ES 296)
POSÉ SUR MOI !
SURTOUT "NE VA PAS T'IMAGINER QUE TU VOIS DIEU ... L'HUMBLE NE DÉSIRE PAS DE VISIONS QUI PROVOQUENT L'ILLUSION DE LA VANITÉ "
(ES 388)
IL S'AGIT D'UNE EXPÉRIENCE, D'UN ÉVÉNEMENT À L'INTÉRIEUR DE TON COEUR
(ES 326)
" UNE PENTECÔTE INVISIBLE " OÙ TU ES SAISI PAR LE FEU DE L'AMOUR, LA GRÂCE DE L'ESPRIT SAINT.
" LES APÔTRES ONT VU DES LANGUES DE FEU, MAIS NOUS, NOUS POUVONS RESSENTIR SA PRÉSENCE EN NOUS "
(ES 326)
" CETTE FORCE DIVINE " (ES 395) QUI HABITE DÉSORMAIS DANS L'EUCHARISTIE ET DANS LE SAINT NOM DE JÉSUS

AU CIEL ET SUR TERRE, TOUT VIT PAR LE SAINT-ESPRIT. DANS LES ÉGLISES, LES SERVICES DIVINS SONT ACCOMPLIS PAR LE SAINT-ESPRIT : (ES 320)
"LE CHANT D'ICI-BAS EST UN ÉCHO DES LOUANGES ANGÉLIQUES LÀ-HAUT"
"LA LUMIÈRE, UNE IMAGE DE LA GLOIRE DE DIEU."
"L'ODEUR DE L'ENCENS, UNE IMAGE DU PARFUM DE SAINTETÉ"

LES OFFICES LITURGIQUES SONT ACCESSIBLE À TOUS ...
MAIS ON NE PEUT PAS TOUT LE TEMPS CÉLÉBRER L'EUCHARISTIE ET RESTER DANS L'ÉGLISE ?!...
"QUE TON ÂME AUSSI SOIT L'ÉGLISE DE DIEU. POUR CELUI QUI PRIE SANS CESSE LE MONDE ENTIER DEVIENT ÉGLISE"
EN ORIENT, ON NE CÉLÈBRE PAS TOUS LES JOURS, MAIS ON EST TRÈS SENSIBLE AU FRUIT DE L'EUCHARISTIE :
NOTRE VOCATION EST DE DEVENIR DES "HOMMES EUCHARISTIQUES" QUI CÉLÈBRENT CHAQUE INSTANT DANS L'ACTION DE GRÂCE.
TONC
CLANG
GLOIRE À DIEU !
SI TU N'AS JAMAIS FAIT L'EXPÉRIENCE DU REGARD DU CHRIST ET DE SON VISAGE DE MISÉRICORDE ...
... TU N'AS QU'À MURMURER SON NOM : L'UNIQUE MOYEN D'ENTRER EN RELATION AVEC LUI !
Abba PÈRE ! JÉSUS ...

C'EST EN 1884, SYMÉON AVAIT 18 ANS, QU'APPARAÎT EN RUSSIE. À KAZAN :
RECITS D'UN PELERIN RUSSE
LE "HÉROS" DE CETTE HISTOIRE EST CONFRONTÉ AU PROBLÈME N°1 QUI A HANTÉ LA SPIRITUALITÉ ORIENTALE :
COMMENT PRIER SANS CESSE ?
BIBLE
DES GROUPES DE MOINES SE SUCCÉDAIENT AU CHOEUR JOUR ET NUIT... MAIS CE N'ÉTAIT PAS UNE SOLUTION PERSONELLE.
NOTRE PÈLERIN COMMENCE ALORS SON ODYSSÉE À TRAVERS LA RUSSIE, COMME UN PÈLERINAGE VERS "LE LIEU DU CŒUR".
IL CHERCHE QUELQU'UN QUI POURRA LUI DONNER UNE PAROLE DE VIE :
"...SI TU DÉSIRES DIEU, TU PRIES SANS CESSE...!" (St Augustin)
"PRIER SANS CESSE C'EST COMPTER SUR DIEU DANS TOUT CE QUI NOUS ARRIVE !" (St Maxime)

C'EST TRÈS BEAU TOUT ÇA ! MAIS IL FAUT UN INSTRUMENT CONCRET POUR METTRE TOUT CELA EN PRATIQUE !
UN JOUR LE PÈLERIN RUSSE RENCONTRE UN "STARETS" CE QUI VEUT DIRE UN "VIEUX"
EN ORIENT TOUT MOINE EST APPELÉ UN "BEAU VIEILLARD", MÊME S'IL A 25 ANS...
"J'EN AI RENCONTRÉ UN : SES CHEVEUX ÉTAIENT BLANCS, MAIS SA FACE ÉTAIT BELLE ET JEUNE... C'EST QUE LA GRÂCE EMBELLIT L'HOMME, LE PÉCHÉ DÉFORME.." (ES 352)
"UNE CIVILISATION OÙ ON NE PRIE PLUS, EST UNE CIVILISATION OÙ LA VIEILLESSE N'A PLUS DE SENS !"..
"NOUS AVONS BESOIN DES VIEILLARDS QUI PRIENT... EUX SEULS PEUVENT MONTRER AUX JEUNES QUE LE NÉANT N'A PAS LE DERNIER MOT !" (O. Clément)
NO FUTURE

"SURTOUT AU DÉBUT, ... TU AS BESOIN D'UN GUIDE SPIRITUEL POUR DISCERNER LA VENUE DU SAINT-ESPRIT EN TOI "
ALLÔ? C'EST TOI SEIGNEUR ?..
TU AS BESOIN DE QUELQU'UN QUI T'AMÈNE AU BORD DE LA PRIÈRE EN TOI :
"CELUI QUI PENSE DANS SON ORGUEIL : JE M'INSTRUIS SEULEMENT DANS DES LIVRES, A DÉJÀ SUCCOMBÉ À L'ILLUSION " (ES 274)
MAIS SI JE NE TROUVE PAS DE MAÎTRE EXPÉRIMENTÉ ?
DEMANDE-LE AU SEIGNEUR ! MAIS VA DÉJÀ "CHEZ TON PÈRE CONFESSEUR, QUEL QU'IL SOIT, À CAUSE DE TON HUMILITÉ, LE SEIGNEUR TE PROTÉGERA "
"OUVRE TOI AVEC CONFIANCE EN PENSANT QUE L'ESPRIT SAINT VIT EN LUI, ALORS TU PROGRESSERAS.." (ES 443)

DANS " Parler de Dieu est dangereux " (ed. DDB) TATIANA GORITCHEVA DIT QU'EN RENCONTRANT LE PÈRE LÉONID, ELLE A COMPRIS CE QUE C'ÉTAIT UN PRÊTRE :
" APRÈS CHAQUE ENTRETIEN, MES AMIES ET MOI, NOUS CHANGIONS. LE PÈRE LÉONID VOULAIT FAIRE DE NOUS UNE PARFAITE ICÔNE DE DIEU "
" IL VOULAIT NOUS AIDER À DEVENIR DES PERSONNES. ON DEVENAIT BEAU MALGRÉ SOI ."
DES "STARTZY" AU XIXème SIÈCLE SE SONT CONSACRÉS À LA FORMATION APOSTOLIQUE DE LA FEMME RUSSE
"C'EST GRÂCE À LA FEMME QUE LA FOI EN RUSSIE SOVIÉTIQUE FUT SAUVEGARDÉE. CE N'EST PAS L'IDÉAL VIRIL DE L'ANCIEN RÉGIME QUI L'A INSPIRÉ ... "
" MAIS L'ICÔNE DE LA MÈRE DE DIEU, POUR MAINTENIR LES VALEURS ÉTERNELLES "
Paul Evdokimov "La nouveauté de l'Esprit" abbaye Bellefontaine

NOTRE PÈLERIN RUSSE RENCONTRE DONC UN DE CES VIEILLARDS QUI L'INTRODUIT DANS LE MYSTÈRE DE "LA PRIÈRE DU CŒUR" ... UN CŒUR À CŒUR AVEC LE DIEU VIVANT !
SEIGNEUR JÉSUS-CHRIST, AIE PITIÉ DE MOI !
C'EST L'INVOCATION CONTINUELLE DU NOM DE JÉSUS, PAR LES LÈVRES LE CŒUR ET L'INTELLIGENCE, EN TOUT LIEU ET EN TOUT TEMPS...
ΧC
CELUI QUI S'Y HABI-TUE REÇOIT UNE GRANDE CONSOLATION ET LE BESOIN DE TOUJOURS DIRE CETTE PRIÈRE ...
LA "FORMULE" PEUT VARIER, ON POURRA SIMPLEMENT MURMURER LE NOM DE JÉSUS...

TU PEUX L'INVOQUER UN CERTAIN NOMBRE DE FOIS À L'AIDE D'UN CHAPELET ORTHODOXE (tsjotki)
" MAIS NE T'INQUIÈTE PAS DU NOMBRE DE PRIÈRES À RÉCITER .."
4.709.4711.. 24T.. 1, 2, 3, ...
X 27
"QUE TON SEUL SOUCI SOIT QUE LA PRIÈRE JAILLISSE DE TON COEUR" ! (Théophane)
"LA PRIÈRE DE JÉSUS" PEUT REVÊTIR DES FORMES TECHNIQUES : DEBOUT, ASSIS, AVEC OU SANS PROSTERNATIONS ..
EN INSPIRANT TU PEUX DIRE :
SEIGNEUR JÉSUS ..
EN EXPIRANT :
AÏE PITIÉ DE MOI ...
LE NOM DE JÉSUS POURRA, PEU À PEU, S'IDENTIFIER AVEC LES BATTEMENTS DU COEUR POUR LES UNIR À CEUX DU COEUR DIVIN

MAIS SI TU METS TROP D'IMPORTANCE À CES TECHNIQUES ET À CES POSTURES...
LA PRIÈRE RISQUE DE DEVENIR UN YOGA CHRÉTIEN TRÈS FLOU, UNE SORTE DE "ST-TROPEZ MYSTIQUE"
(A. Manaranche)
L'IMPORTANT C'EST L'ABANDON AMOUREUX DANS LES BRAS DU BIEN-AIMÉ.. SANS FORCER..
CE N'EST PAS DE TE CONCENTRER SUR TOI, MAIS DE TE DÉCENTRER CONTRE SON COEUR...
TU DÉCOUVRES ALORS QUE TU AS BEAUCOUP PLUS DE TEMPS POUR PRIER QUE TU NE T'IMAGINAIS :
JÉSUS...
JÉSUS
JÉSUS
JÉSUS
JÉSUS
JÉSUS

"LA PRIÈRE À JÉSUS" N'EST
PAS "L'UNIQUE BONNE PRIÈRE"
MAIS ELLE EST "PUISSANTE"...
GRÂCE AU NOM DE JÉSUS, "CAR IL N'Y A
PAS SOUS LE CIEL D'AUTRE NOM DONNÉ AUX
HOMMES PAR LEQUEL NOUS SOMMES SAUVÉS"
(Actes 4,12)
LES JUIFS N'OSAIENT PAS PRONON-
CER LE NOM DIVIN. IL L'ONT REMPLA-
CÉ PAR LE VOCABLE "ADONAÏ"
"... MAIS PAR AMOUR POUR NOUS, LE
SEIGNEUR S'EST ABAISSÉ, POUR QUE
NOUS PUISSIONS LE CONNAÎTRE ET
L'AIMER"
(Es 336)
"DANS LE CHRIST, DIEU DEVIENT
VISAGE, ET L'HOMME À SON TOUR
DÉCOUVRE SON PROPRE VISAGE."
(N. Berdiaëff)
SUR LA CROIX, DIEU S'EST VIDÉ
DE TOUT NOM, AUTRE QUE CELUI DE
L'AMOUR : JÉSUS - SAUVEUR !

CETTE "PRIÈRE DU CŒUR" A SES RACINES DANS LES MÉTHODES DE PRIÈRE DES PÈRES DE DÉSERT.
(" Dieu viens à mon aide" !)
ELLE DEVIENT "PRIÈRE DE JÉSUS" DANS LES MONASTÈRES DU SINAÏ (VIe Siècle)
ET SE MET À FLEURIR AU MONT ATHOS (XIVe Siècle)
AVEC UN RECUEIL D'ÉCRITS SUR LA PRIÈRE (APPELÉ PHILOKALIE) ELLE RAYONNE SUR TOUT L'ORIENT CHRÉTIEN.
AVEC LES "RÉCITS D'UN PÈLERIN" ELLE EST ACCUEILLIE AVEC FERVEUR EN OCCIDENT.
?
ELLE EST APPELÉE "LE RÉSUMÉ DE L'ÉVANGILE" : LA MISÈRE SE PERD DANS LA MISÉRICORDE ...
" SEIGNEUR JÉSUS-CHRIST " : TU CONFESSES SA DIVINITÉ ET SON HUMANITÉ
CHAQUE FOIS QUE TU INVOQUES LE NOM DU FILS AVEC AMOUR, "TU RESPIRES L'ESPRIT SAINT "
ET TU FAIS TRESSAILLIR LE CŒUR DU PÈRE

LA PRIÈRE DE JÉSUS N'EST PAS UNE TECHNIQUE INDIVIDUALISTE QUI RETRANCHE LE CROYANT DU MONDE
AU CONTRAIRE, C'EST AU **CŒUR DE L'ÉGLISE** QUE LA PRIÈRE PUISE SA VIE À LA SOURCE DES **SACREMENTS**
DÈS LE **BAPTÊME**, LE NOM DE JÉSUS FAIT BATTRE ET VIVRE UN CŒUR NOUVEAU QUI DÉSORMAIS, NE VEUT RESPIRER QU'EN LUI !
LA PRIÈRE DE JÉSUS LIBÈRE LES "ÉNERGIES" DU CŒUR, POUR LAISSER JAILLIR LA GRÂCE BAPTISMALE
LE CHRIST NOUS A AUSSI DONNÉ " **SON CORPS** TRÈS PUR ET **SON SANG** AFIN QUE NOUS VIVIONS ÉTERNELLEMENT AVEC LUI " (ES 289)
PAR LA PRIÈRE DE JÉSUS NOUS EXPÉRIMENTONS QUE "NOUS SOMMES DES ENFANTS DE DIEU", " CORPS DE SON CORPS, SANG DE SON SANG " (ES 351)

"LE SEIGNEUR NOUS A DONNÉ LE SAINT-ESPRIT QUI VIT DANS NOTRE ÉGLISE " (ES 383)
IL VIT EN NOUS ET DANS LES SACREMENTS (ES 349)
OH ! QUE NOUS SOMMES HEUREUX ET PRIVILIGIÉS, NOUS LES CHRÉTIENS !
"LE SAINT-ESPRIT A ÉTABLI LES ÉVÊQUES QUI NOUS CONDUISENT AU CHRIST. SI LES FIDÈLES SE SOUVENAIENT DE CELA..
.. ILS AIMERAIENT LEURS PASTEURS D'UN GRAND AMOUR ET PARTOUT REGNERAIT LA PAIX !" (ES 365)
"EN RUSSIE L'ÉGLISE EST DEVENUE L'ANTITHÈSE DE TOUTE IDÉOLOGIE MORTIFIANTE OU ABÊTISSANTE "
"ELLE EST LE CORPS DU CHRIST EN QUI S'ACCOMPLIT UNE COMMUNION RÉELLE, CRÉATRICE, SANS MENSONGE"
(T. Goritcheva) op. cit.
le monastère Danilov à Moscou

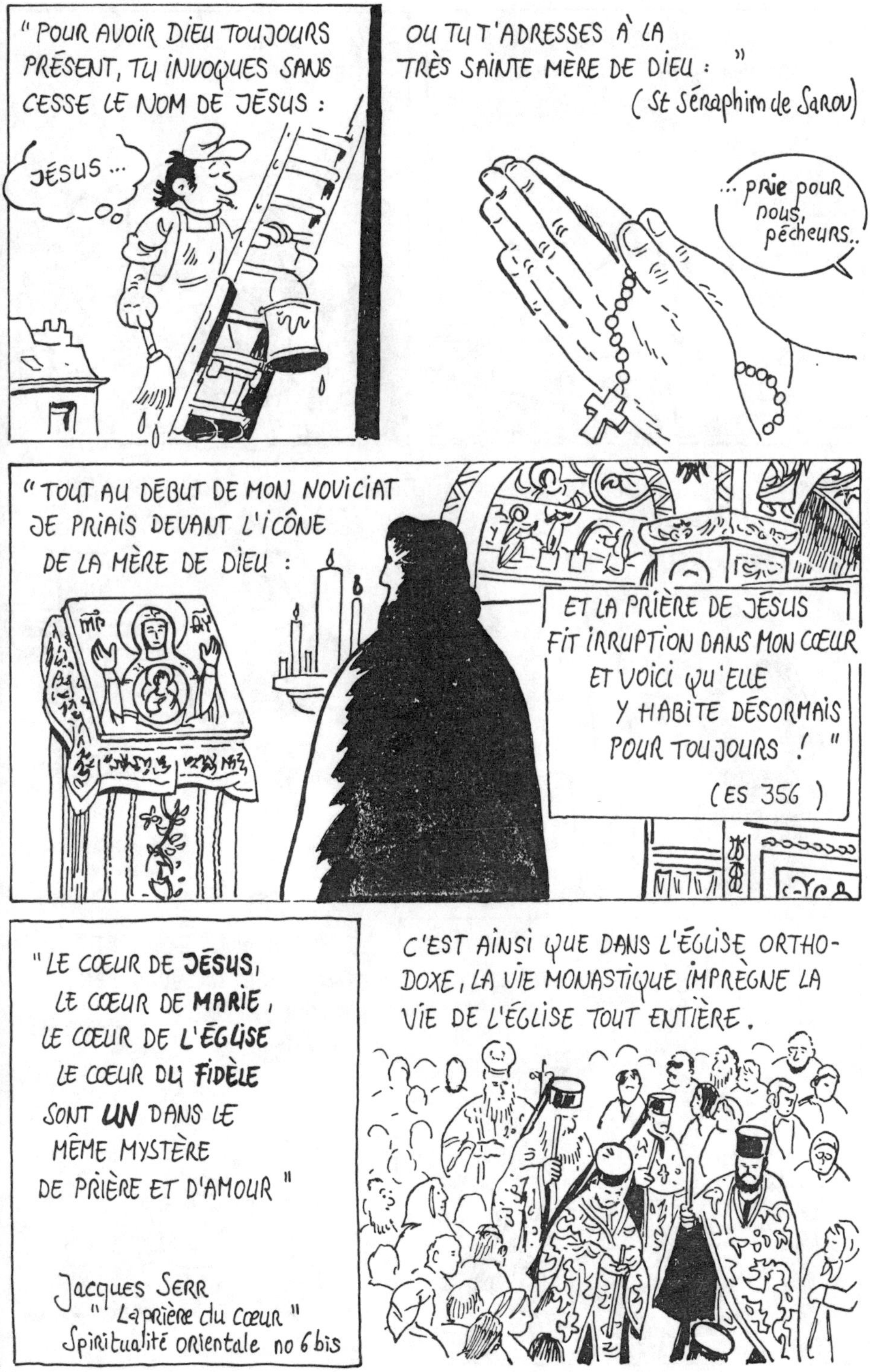

" POUR AVOIR DIEU TOUJOURS PRÉSENT, TU INVOQUES SANS CESSE LE NOM DE JÉSUS :
JÉSUS ...
OU TU T'ADRESSES À LA TRÈS SAINTE MÈRE DE DIEU : "
(St Séraphim de Sarov)
... prie pour nous, pécheurs..
" TOUT AU DÉBUT DE MON NOVICIAT JE PRIAIS DEVANT L'ICÔNE DE LA MÈRE DE DIEU :
ET LA PRIÈRE DE JÉSUS FIT IRRUPTION DANS MON CŒUR ET VOICI QU'ELLE Y HABITE DÉSORMAIS POUR TOUJOURS ! "
(ES 356)
" LE COEUR DE JÉSUS, LE CŒUR DE MARIE, LE CŒUR DE L'ÉGLISE LE COEUR DU FIDÈLE SONT UN DANS LE MÊME MYSTÈRE DE PRIÈRE ET D'AMOUR "
Jacques Serr
" La prière du cœur "
Spiritualité orientale no 6 bis
C'EST AINSI QUE DANS L'ÉGLISE ORTHODOXE, LA VIE MONASTIQUE IMPRÈGNE LA VIE DE L'ÉGLISE TOUT ENTIÈRE.

LA PRIÈRE DE JÉSUS EST APPELÉE "L'ART DES ARTS", "LA SCIENCE DES SCIENCES", "UNE ACTIVITÉ CACHÉE"...
ELLE FORME "LE CŒUR DE L'ORTHODOXIE".
MAIS L'ORIENT ET L'OCCIDENT (AVEC NOS FRÈRES RÉFORMÉS) S'Y RETROUVENT.
BIBLE
DANS CE CRI AU CŒUR DE L'ÉGLISE QUI RÉSUME TOUTE PRIÈRE,
... L'UNITÉ DES CHRÉTIENS S'EST DÉJÀ RÉALISÉE, MYSTÉRIEUSEMENT...
"GARDONS-NOUS TOUT PETIT ET LE SEIGNEUR NOUS FERA GOÛTER LA FORCE DE LA PRIÈRE DE JÉSUS"
(ES 275)

CHAPITRE CINQ

LA PRIÈRE... QUELLE AFFAIRE !

" Abba Thalassios, quelle est ton occupation au monastère ? "

" Je tombe et je me relève,
je tombe et je me relève, "
je..."

PAR L'INVOCATION FRÉQUENTE DU NOM DE JÉSUS, SILOUANE EST TOUT ENTIER "SOUS L'EFFET DE LA DOUCEUR DE L'ESPRIT" (ES 306)
"L'INCESSANTE INVOCATION DE JÉSUS, DANS UN DÉSIR BRÛLANT ET JOYEUX DE LUI, REMPLIT L'AIR DE NOTRE COEUR DE JOIE ET DE PAIX" (Hesychius)
MAIS CE N'EST PAS UNE FORMULE MAGIQUE, UN "SÉSAME OUVRE-TOI" QUI FORCE LE COEUR DE DIEU À MONTRER SES TRÉSORS DE GRÂCE :
LA PRIÈRE DE JÉSUS TRANSPERCE D'ABORD NOTRE COEUR
BOUIIIIE
POUR MONTRER TOUTE LA DURETÉ, L'ÉGOÏSME ET L'ORGUEIL CACHÉ ...

SILOUANE APPREND QUE LA VIE CONNAÎT L'ALTERNANCE DES TEMPS DE FERVEUR ET DES MOMENTS DE VIDE ...
...
"TU NE SENS PLUS EN TOI CETTE DOUCEUR" (ES 387), MAIS PAS UNE PRIÈRE, PAS UNE PENSÉE NE SE PERD DEVANT DIEU" (ES 393)
" L'HOMME SAGE SUPPORTE AUSSI L'ARIDITÉ ; IL ESPÈRE FERMEMENT EN DIEU QUI DONNERA EN SON TEMPS TOUT CE QU'IL FAUT" (ES 387)
" IL ARRIVE QUE DIEU TE METTE AINSI À L'ÉPREUVE, POUR S'ASSURER DE TA FIDÉLITÉ "
POUR QUE TON AMOUR NE DÉPENDE PAS DE TES SENTIMENTS. NE CONFONDS PAS LA GRÂCE AVEC "LA PÊCHE" !
C'EST LA CONFIANCE DES PAUVRES : "HEUREUX QUI CROIENT SANS AVOIR VU " ! (Jean 20,29)
JE NE SENS RIEN.. JE NE VOIS RIEN.. MAIS JE CROIS QUE LE SOLEIL EST LÀ !

QUEL EST LE SIGNE QUE JE COMMENCE À CONNAÎTRE DIEU ?
CE N'EST PAS LA "SENSIBLERIE"...
LE SEUL SIGNE C'EST TON DÉSIR DE LE CONNAÎTRE DAVANTAGE !
PFFF..
"COMME ADAM CHASSÉ DU PARADIS, L'ÂME DÉSIRE DIEU ... ON NE PEUT DÉCRIRE CETTE NOSTALGIE DE DIEU !"
(ES 301)
"INSATIABLEMENT, JOUR ET NUIT, JE SUPPLIE : "
(ES 257)
VIENS ET DEMEURE EN MOI !
C'EST UNE PRIÈRE DE FOI, OÙ DIEU CREUSE EN TOI UN CŒUR DE DÉSIR,
J'ATTENDRAI ...
"COMME UN OISEAU QUI DÉSIRE S'ENVOLER ; COMME UN ENFANT QUI A PERDU SA MAMAN... JE PLEURE VERS TOI !
(ES 269)

LA PRIÈRE CONTINUELLE - LE BOIS QUI ALIMENTE LE FEU DE L'AMOUR - " EST UN DON DE L'ESPRIT SAINT "
(ES 243)
" MAIS DIEU FAIT LE DON DE LA PRIÈRE À CELUI QUI PRIE."
(ES 294)
(Jean Climaque)
?
C'EST-À-DIRE : À TOI D'OFFRIR TON TEMPS D'ORAISON QUOTIDIEN, TES INVOCATIONS, TES CHAPELETS...
C'EST LA GLAISE QUE TU APPORTES, DIEU LUI DONNERA LA FORME, SANS QUE TU NE SACHES COMMENT
DANS LE CALME ET LA PATIENCE TU DEMANDES :
VIENS ESPRIT SAINT !
PEU À PEU, L'ESPRIT LIBÈRE UNE FORCE QUELQUE PART EN TOI : " LA PAIX ET LA DOUCEUR DU CŒUR "
(ES 297)

SI, AVEC SILOUANE, TU COMMENCES À DESCENDRE DANS TON CŒUR ...
TU ES TÔT OU TARD CONFRONTÉ AVEC LE MAL... ET LE MALIN EN PERSONNE.
TIENS, QUI VOILÀ ...
QUELLE EST L'ŒUVRE LA PLUS DIFFICILE DU MOINE, ABBA AGATHON ?
À MON AVIS... C'EST LA PRIÈRE !
CAR ELLE EXIGE UN DUR COMBAT JUSQU'AU DERNIER SOUPIR...
"AU TEMPS DE LA PRIÈRE SURTOUT, LES ENNEMIS INVISIBLES NOUS ATTENDENT AVEC LEURS PIÈGES"... (Evagre)
CHAPELLE
MAIS ICI ENCORE, "LE NOM DE JÉSUS DISPERSE LES DÉMONS COMME POUSSIÈRE AU VENT" (Hesychius)

LES PÈRES DISENT QU'IL Y A UN DÉMON POUR S'ATTACHER À UN LAÏC..
MODE
DEUX À UN MOINE...
ET TROIS À UN PRATIQUANT DE LA PRIÈRE DE JÉSUS...
PUB
IL Y EN A QUI LA PRATIQUENT POUR SE PROCURER DES DONS EXTRAORDINAIRES ET DEVIENNENT AINSI LES VICTIMES DES DÉMONS...
ABBA BESSARION, JE VOUS MONTRE LE CHRIST...
JE PRÉFÈRE ATTENDRE, POUR LE VOIR AU CIEL !
VERS 1912, LA PRIÈRE DE JÉSUS DEVIENT AU MONT ATHOS UN SUJET DE DISPUTE THÉOLOGIQUE..
DES MOINES JETÈRENT LE TROUBLE PARTOUT, EN CRITIQUANT LES AUTRES, SÛRS D'ÊTRE DE VRAIS ÉLUS DE DIEU.
HÉRÉTIQUES !

PLUSIEURS CENTAINES DE MOINES RUSSES FURENT DÉPORTÉS POUR QUE CESSE LE DÉSORDRE
L'ABSENCE D'HUMILITÉ REND LA PRIÈRE TOUTE SUPERFICIELLE ET ÉTEINT LA CHARITÉ FRATERNELLE !..
SAINT ANTOINE A VU UNE FOIS LA TERRE ENTIÈRE RECOUVERTE PAR DES PIÈGES DIABOLIQUES ... TERRIFIÉ IL DEMANDA À DIEU :
MAIS ALORS, QUI PEUT SE SAUVER ? ...
1000
MINITEL ROSE
L'HOMME HUMBLE !
" NOTRE GUERRE EST RUDE, MAIS ELLE EST FACILE POUR LES HUMBLES " (ES 304)
LE DÉMON PEUT NOUS FAIRE PÉRIR MÊME PAR NOS "VERTUS" MAIS IL EST VAINCU PAR UN COEUR BROYÉ DE CELUI QUI SE RECONNAÎT PÉCHEUR ET QUI APPELLE SANS CESSE LA MISÉRICORDE DE DIEU !

À TRAVERS DES CRISES ET DES TENTATIONS, LA PRIÈRE LAVE TON CŒUR DES TRACES DU PÉCHÉ.
ELLE T'ENVAHIT TOUT ENTIER, ET ELLE DEVIENT L'UNIQUE TÂCHE, LA GRANDE AFFAIRE DE TA VIE !
MAIS DANS LA VIE, IL Y A AUTRE CHOSE QUE LA PRIÈRE ?
D'ACCORD, L'ESSENTIEL C'EST L'AMOUR...
" MAIS COMMENT AIMER SANS PRIER " (ES 277) ? IL N'Y A PAS D'AMOUR SANS SE DEMANDER L'AMOUR L'UN À L'AUTRE !
JÉSUS T'ENTRAÎNE DANS SA RELATION AVEC LE PÈRE ET L'ESPRIT SAINT OÙ IL N'EST QU'ACCUEIL ET DON
PRIER C'EST MENDIER L'AMOUR ET LE RENDRE EN RETOUR À TOUS CEUX QUE DIEU MET SUR TA ROUTE...

TU PEUX LIRE TOUS LES LIVRES SUR CE SUJET, OU FAIRE LE TOUR DE TOUS LES RASSEMBLEMENTS ET GROUPES DE PRIÈRE ...
LOURDES
ARS
PARAY LM
TU PEUX MÊME RÉCITER DES KILOMÈTRES DE CHAPELETS ET PASSER JOUR ET NUIT DEVANT LE SAINT-SACREMENT..
SANS JAMAIS SUPPLIER DIEU ...
SANS JAMAIS OFFRIR TA MISÈRE...
MAIS QUI SONT DONC LES VÉRITABLES PRIANTS, CES VRAIS AMOUREUX, DONT LE MONDE A TERRIBLEMENT BESOIN ?
CE SONT CEUX QUI COMME SILOUANE SONT SANS CESSE EN ÉTAT DE SUPPLICATION ET D'ACTION DE GRÂCE
PITIÉ POUR MOI
ALLÉLUIA !
QUI PRIENT POUR CHAQUE VISAGE, CHAQUE RENCONTRE ...
CHAQUE ÉVÉNEMENT ...
Le Canard Libéré

TU N'Y ARRIVES PAS ?... EUX NON PLUS ! MAIS ILS LE DÉSIRENT DE TOUT LEUR ♡ ET ILS RECOMMENCENT TOUS LES MATINS :
ILS NE CHERCHENT PAS DE REFUGE DANS LEURS RAISONNEMENTS, "QUI NE PRODUISENT QUE DES ERREURS " (ES 314)
... MAIS ILS ONT LE COURAGE DE SE JETER À GENOUX POUR MENDIER LA GRÂCE NÉCESSAIRE
ILS ONT PRIS L'HABITUDE DE CHANGER EN PRIÈRE LEURS IMPRESSIONS, LEURS JOIES ET LEURS PEINES.
BD
COMME FRANÇOIS D'ASSISE, ILS PORTENT "JÉSUS DANS LEURS YEUX, JÉSUS DANS LEUR BOUCHE, JÉSUS DANS LEURS MAINS, JÉSUS DANS LEUR CŒUR "
DANS CE CŒUR À CŒUR NON-STOP AVEC JÉSUS, ILS ONT TROUVÉ LE SECRET DU BONHEUR CONTAGIEUX !

LE BUT DE NOTRE VIE
C'EST D'ÊTRE REMPLI
DE L'ESPRIT SAINT,
DIT SÉRAPHIM DE SAROV.

QUE TOUTE NOTRE NATURE
HUMAINE SOIT PÉNÉTRÉE
PAR "LES ÉNERGIES DIVINES"

IL FAUT DONC LE DEMANDER.
DANS UNE PRIÈRE INCESSANTE
AVEC MARIE, LA MÈRE DE LA PRIÈRE
CONTINUELLE

"SI TU T'HABITUES À PRIER ET À AIMER TON PROCHAIN, TU SERAS ATTIRÉ VERS LA PRIÈRE ET L'AMOUR "
(ES 422)
= COEUR TRÈS "AIMANT" !
IL FAUT APPRENDRE À SAVOIR :
QU'EST-CE QUI M'AIDE À DEMEURER EN DIEU ?
"À L'UN IL EST UTILE DE PRIER PLUS, UN AUTRE LIT, ÉCRIT OU TRAVAILLE ... À CHACUN CE QUE DIEU LUI DONNE "
(ES 341)
POUR BEAUCOUP LA PRIÈRE DE JÉSUS ET LE CHAPELET CONSTITUENT CE CHEMIN DE PAUVRETÉ ET D'HUMILITÉ
CAR PLUS TU AVANCES, PLUS TU AS BESOIN D'UNE PRIÈRE SIMPLE, BALBUTIÉE INDÉFINIMENT :
"QUE DE FOIS DES BÉGAIEMENTS SIMPLES ET MONOTONES DES ENFANTS FLÉCHISSENT LEUR PÈRE "
(J. Climaque)
GA-TÔÔ

MAIS TOUTES LES PAROLES, COMME LES CHANTS LITURGIQUES, SONT AU SERVICE DU SILENCE
APRÈS CHAQUE INVOCATION, LAISSE PÉNÉTRER LE SILENCE EN TOI, " LA LANGUE DES ANGES, LE LANGAGE DU MONDE À VENIR "
(Isaac le Syrien)
TEL UN OISEAU ALTERNE LE BATTEMENT D'AILES ET LE VOL PLANÉ ...
" QUAND TU ES RAVI PAR L'AMOUR DE DIEU, TU DEMEURES DANS LE SILENCE ET TU NE VOUDRAIS PAS PARLER "
(ES 310)
JE TE BÉNIS POUR CECI...
SEIGNEUR JE TE DEMANDE...
GLOIRE À TOI...!
MON DIEU JE PRIE POUR...
MERCI SEIGNEUR DE ...
AMEN!
SILENCE ! JE VOUDRAIS PRIER !...

CHAPITRE SIX

LA VIE CHRÉTIENNE : UNE BAGARRE QUOTIDIENNE

« Seigneur et Maître de ma vie,
ne m'abandonne pas à l'esprit
de paresse, de découragement,
de domination et de vain bavardage.

Mais fais-moi la grâce,
à moi, ton serviteur,
de l'esprit de chasteté, d'humilité,
de patience et de charité

Oui, Seigneur, Roi ! Accorde-moi de
voir mes fautes et de ne pas
condamner mon frère.
O Toi qui es béni pour les siècles des siècles
Amen »

St Ephrem
le Syrien

SILOUANE VA SOUVENT DEMANDER CONSEIL AU STARETS DU VIEUX ROSSIKON (UN LIEU D'ERMITAGES).

" TOUS NOS MALHEURS PROVIENNENT DE CE QUE NOUS NE DEMANDONS PAS CONSEIL AUX ANCIENS "
(ES 366)

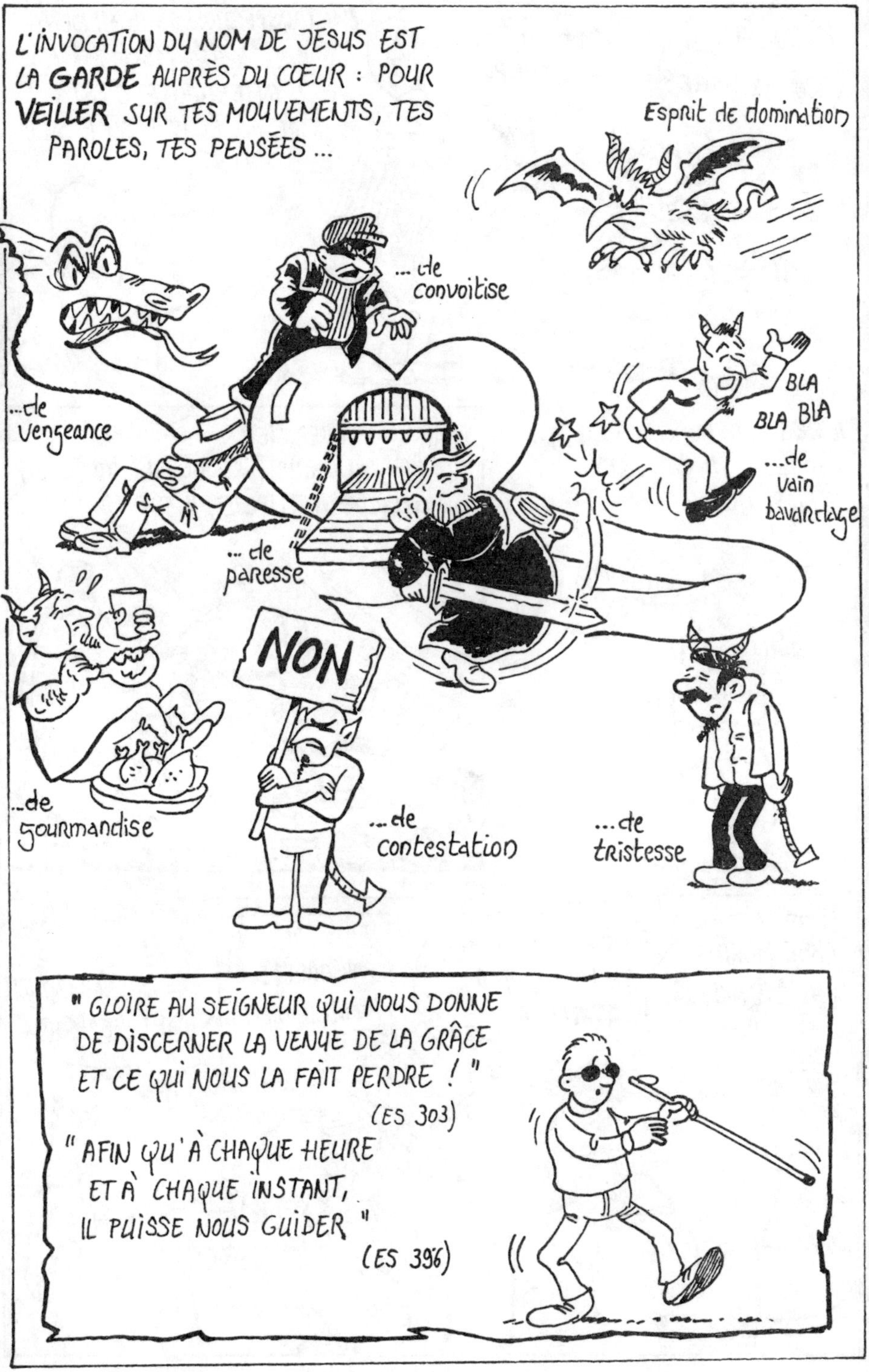
L'INVOCATION DU NOM DE JÉSUS EST LA GARDE AUPRÈS DU CŒUR : POUR VEILLER SUR TES MOUVEMENTS, TES PAROLES, TES PENSÉES ...
Esprit de domination
... de convoitise
... de vengeance
BLA BLA BLA
... de vain bavardage
... de paresse
NON
... de gourmandise
... de contestation
... de tristesse
" GLOIRE AU SEIGNEUR QUI NOUS DONNE DE DISCERNER LA VENUE DE LA GRÂCE ET CE QUI NOUS LA FAIT PERDRE ! "
(ES 303)
" AFIN QU'À CHAQUE HEURE ET À CHAQUE INSTANT, IL PUISSE NOUS GUIDER "
(ES 396)

C'EST DU NOMBRILISME ?
DE L'INTROSPECTION SCRUPULEUSE ?
L'INTROSPECTION TE RAMÈNE À TOI MÊME, MAIS L'INTÉRIORITÉ C'EST ÊTRE À L'ÉCOUTE DU BIEN-AIMÉ :
IL NE FAUT PAS REFOULER TES PENSÉES, NI NIER LES TENSIONS
MAIS VOIS LA RÉALITÉ EN FACE : DANS LA LUMIÈRE DU CHRIST. PLONGÉ AU QUOTIDIEN, AU CŒUR DE LA TEMPÊTE, IL EST LÀ !
ABBA MAXIME, QUI T'A APPRIS LA PRIÈRE CONTINUELLE ?
C'EST LE DIABLE ! IL N'A PAS ARRÊTÉ DE M'EMBÊTER AVEC SES TENTATIONS...
AINSI, JE N'AI PAS ARRÊTÉ D'APPELER DIEU :
AIE PITIÉ !!
AU SECOURS !
ET MÊME DANS LA PAIX JE NE CESSE D'INVOQUER SA MISÉRICORDE

IL FAUT APPRENDRE À COMPTER SUR LA GRÂCE DE DIEU ET PLUS SUR TES PROPRES FORCES :
N'AIE PAS PEUR ! CONFIANCE ! MA GRÂCE TE SUFFIT !
(ES 420)
SEIGNEUR, LES FRÈRES M'ONT DEMANDÉ D'ÊTRE ÉCONOME.. AIDE-MOI S'IL TE PLAÎT !!
"UN SOLDAT VIENT ME TROUVER DANS LE MAGASIN :"
(ES 276)
C'EST À LA GUERRE QUE J'AI APPRIS À PRIER. J'AI SUPPLIÉ : SEIGNEUR AIE PITIÉ ! ET IL M'A GARDÉ ...
NOUS NE DEVONS PAS SEULEMENT RECOURIR À LUI.. MAIS CONSTAMMENT ÊTRE EN LUI !
ES 377
"JUSQU'À MAINTENANT VOUS N'AVEZ ENCORE RIEN DEMANDÉ EN MON NOM".. DIT JÉSUS
" DEMANDEZ ET VOUS RECEVREZ LE SAINT-ESPRIT QUE LE PÈRE VOUS DONNERA"
(Jean 16,24 ; Luc 11,13)
" À CELUI QUI DEMANDE, LE SEIGNEUR DONNE TOUT. PAS PARCE QUE NOUS LE MÉRITONS, MAIS PARCE QU'IL EST MISÉRICORDIEUX "
(ES 280)

" IL FAUT TOUJOURS PRIER POUR QUE LE SEIGNEUR NOUS FASSE COMPRENDRE CE QUE NOUS DEVONS FAIRE OU DIRE .. EN TOUTE CIRCONSTANCE "
"... ET INTERROGER NOTRE PÈRE SPIRITUEL, C'EST ENCORE PLUS HUMBLE "
ES, 314
QUAND SURVIENT UNE INCERTITUDE, PROSTERNE-TOI À TERRE ET DIS :
SEIGNEUR, JE CRAINS DE ME TROMPER, TOI QUI ES MISÉRICORDE, ÉCLAIRE-MOI !
(ES 438)
"QUAND TU PARLES OU ÉCRIS SUR DIEU PRIE ET DEMANDE AU SEIGNEUR DE T'AIDER ET DE T'ÉCLAIRER "
"SÛREMENT LE SEIGNEUR T'INSPIRERA... MAIS SI TU DOUTES, TU T'ENFONCES COMME PIERRE DANS LES FLOTS : "
(ES 438)
" AINSI, QUAND LE SEIGNEUR NOUS INSPIRE LE DÉSIR DE PRIER POUR QUELQU'UN .. "
" CELA SIGNIFIE QU'IL VEUT RÉPANDRE SUR CETTE PERSONNE SA MISÉRICORDE. SI TU ÉPROUVES DE LA PEINE POUR UN HOMME, PRIE POUR LUI ! "
(ES 440)

"SI TU PERDS LA PAIX, CE N'EST PAS À CAUSE DES AUTRES, DE TES SUPÉRIEURS, OU DE TA BELLE MÈRE ...

CAR TOUT CONVIENT À CELUI QUI EST HUMBLE "

(ES 374)

UN JOUR PENDANT LES VÊPRES, SILOUANE PENSE :
LE PÈRE NICOPHORE EST TROP GROS POUR S'INCLINER ...
"À CET INSTANT, J'AVAIS TELLEMENT MAL AUX REINS QUE JE NE POUVAIS PLUS BOUGER..." (ES 425)
OUAÏE !
PAR LÀ, J'AI COMPRIS QU'IL NE FAUT JAMAIS JUGER !
"LORSQUE JE PERDS L'HUMILITÉ, JE DEVIENS IRASCIBLE.." MAIS DES QUE JE DIS: "PARDONNE-MOI SEIGNEUR ..." MON ÂME RETROUVE LA PAIX" (ES 418)
"SI NOUS SOMMES SANS AMOUR, ADRESSONS D'ARDENTES PRIÈRES À DIEU, À SA TRÈS PURE MÈRE ET À TOUS LES SAINTS" (ES 424)
POF! POF
MARIE AUSSI A DÛ APPRENDRE À "IMPLORER LA GRÂCE DIVINE" "POUR S'ABANDONNER À LA VOLONTÉ DU PÈRE" (ES 366)
!
?
Luc 2,50
"VOICI LA SERVANTE DU SEIGNEUR" DIT-ELLE ; ET TOUS, NOUS DEVONS SUIVRE SON EXEMPLE" (ES 389)

"L'ESPRIT SAINT NOUS REND SEMBLABLES AU CHRIST DANS LA CHAIR" (ES 351)
CAR LE CORPS AUSSI EST APPELÉ À DEVENIR FEU D'AMOUR :
"L'HOMME EST COMME UN ARBRE: LE FEUILLAGE, C'EST LE LABEUR DU CORPS, LE FRUIT REPRÉSENTE LA PRIÈRE DU CŒUR .." (Abba Agathon)
LA FORCE MÊME DE TES PASSIONS EST TRANSFORMÉE PAR L'ESPRIT SAINT "LIBÉRÉES DE TOUTE CONVOITISE"
(ES 317)
CELLES-CI DEVIENNENT DOUCEUR ET DON DE SOI, CAPABLES D'EXPRIMER LA TENDRESSE DE DIEU POUR TOUTE CRÉATURE
DEMANDE CETTE GRÂCE QUAND TU REÇOIS LE CORPS ET LE SANG DU CHRIST :
"O TOI QUI ES FEU ! GLISSE-TOI DANS MES MEMBRES, DANS MES REINS ET MON CŒUR. PURIFIE MON ÂME, ILLUMINE MES CINQ SENS, ÉTABLIS-MOI TOUT ENTIER DANS TON AMOUR" !
St. Syméon métaphraste

DANS LA VIE SEXUELLE AUSSI SE CACHE CETTE FORCE DU " CŒUR PROFOND "
DANS SON CÉLIBAT D'AMOUR LE MOINE "EMBRASSE LE MONDE ENTIER, IL BRÛLE DU DÉSIR QUE TOUS SOIENT SAUVÉS " (ES 386)
DANS LE MARIAGE AUSSI, LA CONTINENCE PÉRIODIQUE EST EN VUE DE LA PRIÈRE : (1 Corinthiens) 7,5
" QUAND VOUS VOYEZ LE CHRIST L'UN DANS L'AUTRE " DISAIT UN STARETS, " VOUS POUVEZ RESTER TOUTE UNE VIE ENSEMBLE "
QUELLE BELLE SOIRÉE MA CHÉRIE !... ... ET MON CŒUR QUI CRAQUE D'UN TROP PLEIN D'AMOUR...
OUI MON TRÉSOR.. SI ON FAISAIT UNE NUIT D'ADORATION ?

SILOUANE NOUS CONSEILLE DE JEÛNER AVEC DISCERNEMENT
(ES 301)
?
AU LIEU DE SATISFAIRE À TOUS MES BESOINS ... J'ESSAIE DE LES TRANSFORMER EN PUR DÉSIR
LE JEÛNE CREUSE UNE FAIM PLUS PROFONDE QUI N'EST APAISÉE QUE DANS L'INTIMITÉ AVEC JÉSUS
CREUX
QUELLE DOIT ÊTRE -HIPS- LA MESURE DE NOTRE -BLOUPS- SOBRIÉTÉ ?
QU'APRÈS LE REPAS ON AIT LE DÉSIR DE PRIER
ES 301
UN ÉQUILIBRE PAS TOUJOURS FACILE À TROUVER :
MON PÈRE, COMMENT AVEZ-VOUS TROUVÉ VOTRE MORCEAU DE VIANDE ?
PAR HASARD, IL ÉTAIT CACHÉ ENTRE LES DEUX FEUILLES DE DE SALADE ...

LE SOIR, TU PEUX T'ENDORMIR EN INVOQUANT LE NOM DE JÉSUS, POUR QUE LA PRIÈRE PÉNÈTRE LE SOMMEIL LUI-MÊME.
I ♡
ELLE T'AIDE À ÉVITER TOUTE GOURMANDISE DE SOMMEIL, "ELLE EST PRÉSENTE À NOTRE COUCHER COMME À NOTRE RÉVEIL" (J. Climaque)
DRIIIIIINN
COMME DES PARENTS QUI SONT DEBOUT LA NUIT POUR CALMER LEUR PETIT QUI PLEURE ...
TOUS LES BAPTISÉS DEVRAIENT SE LEVER SOUVENT POUR CONSOLER DANS LEURS PRIÈRES L'HUMANITÉ AFFLIGÉE
" CHAQUE NUIT JE VERSE DES LARMES .. "
" MON ÂME PLEURE POUR LE MONDE ENTIER, JE SUIS ATTRISTÉ QUE LES HOMMES SE PRIVENT D'UN SEIGNEUR SI MISÉRICORDIEUX "
(ES 421)
SILOUANE ASPIRE AVEC TOUTE LA CRÉATION :
VIENS SEIGNEUR JÉSUS ! JE VEUX VOIR TON VISAGE !

OUI, QUE PENSER DE TOUS LES EXPLOITS ASCÉTIQUES DE CES MOINES ?

PAUL EVDOKIMOV DIT QUE L'ASCÈSE CHRÉTIENNE DOIT S'ADAPTER AUX BESOINS NOUVEAUX.

(Les âges de la vie spirituelle, DDB)

"ASCÈSE" SIGNIFIE LITTÉRALEMENT EXERCICE, ENTRAÎNEMENT, GYMNASTIQUE
S'EXERCER À QUOI ? À ASSOUPLIR TON CŒUR :
PLUS QUE JAMAIS NOUS AVONS BESOIN DE LIEUX DE SILENCE POUR SORTIR DE NOTRE BAGNE MATÉRIALISTE
EN RUSSIE LES FORÊTS SONT PLEINES DE "Poustinias" : (MOT RUSSE POUR "DÉSERT", "ERMITAGE".)
LA RUSSIE A DONNÉ AU MONDE LE PREMIER SPOUTNIK, MAIS AUSSI LE poustinik !
RETIRÉS DANS UNE CABANE POUR UN TEMPS INDÉFINI, ILS DEVIENNENT UN FEU QUI PROJETTE DES FLAMMÈCHES SUR LA FACE DE LA TERRE.

MAIS CELA EST RÉSERVÉ À UN PETIT NOMBRE ...
PÎÎÎP
TÛÛT
HONK
OUI, MAIS TOUS NOUS AVONS UNE POUSTINIA DE DIEU DANS LE CŒUR OÙ NOUS POUVONS "PRIER LE PÈRE DANS LE SECRET."
(Matthieu 6,6)
ABSORBÉ(E) PAR LA PRIÈRE DE JÉSUS, TU ES IMMERGÉ(E) DANS LE DIEU-TRINITÉ À L'ÉCOUTE DE SON SILENCE
COMME UNE FEMME ENCEINTE QUI CONTINUE À FAIRE LE MÉNAGE ET À ALLER À DES RÉUNIONS ...
ZZZ
TU ES "ENCEINT(E) DU CHRIST", TU LE PORTES SUR LA PLACE PUBLIQUE, VERS CEUX QUE DIEU MET SUR TA ROUTE
ARRET
MÊME SANS PAROLES, PAR TA SIMPLE PRÉSENCE PHYSIQUE, TU RENDS L'AMOUR DU CHRIST PRÉSENT !
CAISSE
JÉSUS ...

JE PENSE ICI AU
PÈRE STRATONIQUE,
DONT SILOUANE
DISAIT
"QUE L'ON DEVENAIT
MEILLEUR, RIEN QU'
EN LE REGARDANT"

(ES 419)

CHAPITRE SEPT

AU FOND DE L'ENFER, TOMBER DANS LES BRAS DU PÈRE

" Tu es descendu sur la terre
pour sauver Adam,
mais Tu ne l'as pas trouvé
sur terre, ô maître,
et Tu es allé le trouver
jusque dans l'enfer "

(Liturgie de la
Semaine Sainte)

" LA SEULE ASCÈSE QUI PEUT EN APPELER À L'ÉVANGILE EST L'ASCÈSE DE PAUVRETÉ ET DE FAIBLESSE "
(André Louf Au gré de sa grâce DDB)
" MÊME SI JE PRIE JOUR ET NUIT, JE NE PEUX PAS RÉALISER CE COMMANDEMENT DE L'AMOUR DE DIEU ... (ES 396) "
ÇA ME TUE !...
UNE DES PLUS GRANDES GRÂCES QUE DIEU PUISSE T'ACCORDER C'EST D'ATTEINDRE DE PLUS EN PLUS LE FOND DE TA MISÈRE :
NON, IL N'Y A PAS DE TRIOMPHALISME DANS L'AMOUR !
1
DIEU CHERCHE AVANT TOUT TON POINT LE PLUS FAIBLE : UN DÉFAUT, UNE MALADIE, UN ÉCHEC ...
QUI REND L'HOMME HUMBLE JUSQU'AU BOUT..
(ES 420)
... POUR QUE TU T'ABANDONNES À LA PUISSANCE DE SA GRÂCE !

L'AMOUR DE DIEU VEUT TE COMBLER, MAIS IL CREUSE D'ABORD UN VIDE
AMOUR
DE DIEU
IL FAUT QUE TU DÉCOUVRES EXPÉRIMENTALEMENT TON INCAPACITÉ D'AIMER...
C'EST ACCEPTER L'HUMILIATION D'ÊTRE TOUJOURS DES PAUVRES, DES MENDIANTS D'AMOUR
MERCI
" FAIS-TOI CAPACITÉ ET JE ME FERAI TORRENT "
(Jésus à Catherine de Sienne)
" LA FORCE D'AIMER, C'EST LE SAINT ESPRIT QUI LA DONNE " (ES 104)
..." MAIS SI TU NE DEMANDES PAS, TU TE PRIVES DE SA GRÂCE "
(ES 301)
CHERCHEZ ET VOUS TROUVEREZ
" VENEZ À MOI " DIT JÉSUS ,,, VOUS TOUS QUI ÊTES FATIGUÉS ET QUI N'EN POUVEZ PLUS ! "
matthieu 11,28
AMOUR

JE NE CONDAMNE PERSONNE, JE FAIS CONSCIENCIEUSEMENT MON TRAVAIL, JE PRIE SANS CESSE...
ET POURTANT JE SUIS AU 36ème DESSOUS... J'AI LES NERFS EN PELOTE ET JE PERDS LES PÉDALES !
AU COURS D'UNE DE CES TERRIBLES NUITS, L'IMMENSE SILHOUETTE D'UN DÉMON - QUI N'A PAS FAIT SA TOILETTE - S'INTERPOSE DEVANT LES ICÔNES :
BONJOUR L'AMBIANCE ...
JE SAIS QUE C'EST À CAUSE DE MON ORGUEIL, SEIGNEUR... MAIS COMMENT DEVENIR HUMBLE ?
ET IL REÇOIT CETTE RÉPONSE SURPRENANTE :
tiens ton esprit en enfer ... et ne désespère pas
(ES 390)

QU'EST-CE QUE ÇA VEUT DIRE ? AVOIR UNE "PÊCHE D'ENFER" ? OU DIRE QUE "L'ENFER C'EST LES AUTRES" ? (Sartre)
3615 MALSAIN
PRIX D'ENFER
SUPERMARCHÉ
BIEN SÛR QUE NON ! MAIS IL FAUT PRENDRE CONSCIENCE QUE L'ENFER EST EN MOI ...
CETTE DIVISION QUE J'ÉPROUVE CHAQUE JOUR, AVEC DIEU, AVEC MOI-MÊME ET AVEC LES AUTRES.
"LE CHRIST S'EST FAIT PÉCHÉ POUR NOUS" (2 Corinthiens 5,21)
IL S'EST IDENTIFIÉ AVEC L'ANGOISSE ET LA SOLITUDE DES HOMMES LOIN DE DIEU
"IL EST VENU ABATTRE LE MUR DE LA SÉPARATION... IL EST DEVENU NOTRE PAIX" (Ephésiens 2,14)

COMME LE CHANTE LA LITURGIE DE PÂQUES :
" TOUT DÉSORMAIS EST REMPLI DE LUMIÈRE, LE CIEL, LA TERRE ET MÊME L'ENFER " "
POURTANT L'HOMME PEUT REFUSER D'OUVRIR SON CŒUR, ALORS L'ENFER EST ÉTERNEL, CAR SA LIBERTÉ EST SANS LIMITES...
" ALORS SOIS SÛR QUE LE CHRIST, À GENOUX, S'Y TROUVE AVEC LUI "
(Sophrony)
NO FUTURE
IL DEMANDE À SILOUANE DE "SE TENIR PÉCHEUR" : C'EST DIRE : "JE SUIS PIRE QUE TOUS", J'ÉPROUVE EN MOI CET ÉTAT DE SÉPARATION...
(ES 373, 396)
CELA PROVOQUE " UNE CONFIANCE INÉBRANLABLE ", TU CONNAÎTRAS LA MISÉRICORDE " ET TON ÂME TROUVERA LA PAIX "
(ES 393)

COMME TOUTES "LES ÂMES GÉNÉREUSES" SILOUANE CHERCHAIT D'ABORD À AIMER ET À SAISIR DIEU
YIPPEEE!
MAINTENANT IL COMPREND QU'IL SUFFIT DE SE LAISSER AIMER, DE SE LAISSER SAISIR PAR LUI ...
AVEC LES MEILLEURES INTENTIONS, TU PRENDS - TOI AUSSI - LE CHEMIN DE "LA VERTU" POUR TON IDÉAL DE SAINTETÉ
TU ES FIER DE TES PROGRÈS ...
OU JALOUX DES AUTRES ...
1
ALORS DIEU PERMET UNE SÉRIE DE CRISES ET DE TENTATIONS :
?
TU DÉCOUVRES TES COMPLEXES, TES PEURS ET TES FAIBLESSES LES PLUS CACHÉS ...

NOUS AVONS TOUS NOS "SAISONS D'ENFER"
NOS SOUCIS DE FAMILLE, DE TRAVAIL, DE SANTÉ... QUI ÉPUISENT NOS FORCES
TCHOUM
FACTURE
IL Y A ALORS UNE AUTRE "RUSE DE L'ENNEMI" : (ES 444)
"BEAUCOUP TOMBENT DANS LE DÉSESPOIR ET NE VEULENT PLUS PRIER.." (ES 396)
" APPRENDS À CONNAÎTRE TES PROPRES LIMITES ET NE CHARGE PAS TON ÂME AU-DELÀ DE SES FORCES !" (ES 396)
DIEU NE DEMANDE PAS TANT...
SPORT
ET S'IL DEMANDE TOUT... ET MÊME PLUS ...
ÉVANGILE
LA FIDÉLITÉ... LA CHASTETÉ... LE PARDON... LE RENONCEMENT... C'EST TROP EXIGEANT ! ET POURTANT JE NE VEUX PAS TRICHER...
Thérèse
AVEC MES PROPRES FORCES ? C'EST CREVANT !
NE RIEN FAIRE ET TOUT ATTENDRE DE DIEU ? C'EST DE LA FLEMME !

"SANS MOI VOUS NE POUVEZ RIEN FAIRE !" DIT JÉSUS (Jean 15,5).
MAIS LUI NE FAIT RIEN SANS TA LIBERTÉ CRÉATRICE !
À TOI DE CROIRE ET DE DEMANDER !
LA MEILLEURE IMAGE EST CELLE DE LA PLANCHE À VOILE (père Molinié Adoration ou désespoir édit. CLD)
IL NE S'AGIT PAS DE NAGER SANS VOILE ET SANS VENT... ET PAS NON PLUS DE RESTER SUR LA PLAGE
MAIS TON EFFORT C'EST DE CHERCHER LA BONNE POSITION, DE TENIR DEBOUT POUR QUE LE VENT T'EMPORTE !
C'EST-À-DIRE : POSER DES ACTES DE FOI DANS LA PUISSANCE DE L'ESPRIT ET SON SECOURS QUOTIDIEN !
BIEN SÛR, TU COULES LAMENTABLEMENT À CHAQUE FOIS, MAIS CONTINUE !
SPLATCH

" L'UNIQUE CHEMIN QUI
CONDUIT AU FEU
DE L'AMOUR DIVIN
C'EST L'**ABANDON**
DU PETIT ENFANT
QUI S'ENDORT
DANS LES BRAS DE SON **PÈRE**. "

(Thérèse de
Lisieux)

L'ORAISON PROLONGÉE EST DONC UNE NÉCESSITÉ POUR LA VIE CHRÉ-TIENNE (1 HEURE OU PLUS...)
CAR C'EST LÀ OÙ TU EXPÉRIMENTES LES LIMITES DE TES FORCES, "LE POINT ZÉRO"
ZZZZZ
ALORS TU NE PEUX FAIRE QU'UNE SEULE CHOSE :
SEIGNEUR JE CRIE VERS TOI ! JE N'PEUX PLUS !
C'EST LE COMBAT DE L'AGONIE DE JÉSUS... QUI LIBÈRE EN TOI LES GÉMISSEMENTS DE L'ESPRIT, TROP PROFONDS POUR DES PAROLES...
TU LAISSES RETENTIR DANS TON COEUR LE CRI DE JÉSUS SUR LA CROIX :
POURQUOI ? ?... POURQUOI ?!
CE CRI QUI DEVIENT UN ABANDON AMOUREUX :
PAPA ! ENTRE TES MAINS JE REMETS MON ESPRIT...

OÙ EST-IL TON DIEU ? POURQUOI IL SE TAIT ?
POURQUOI IL NE FAIT RIEN ? C'EST NAVRANT !
IL N'Y A QUE CETTE UNIQUE RÉPONSE : DIEU EST L'AMOUR CRUCIFIÉ !
CAR DIEU A AUSSI SON ENFER : LA LIBERTÉ DE L'HOMME QUI REFUSE D'AIMER ET QUI LE MET EN ÉCHEC..
BIBLE
ALORS DANS "SON AMOUR FOU" DIEU INVENTE L'INOUÏ : SUR LA CROIX IL ASSUME LE MAL ET LA MORT
DANS TOUTES NOS SOUFFRANCES, IL NE PEUT QUE SOUFFRIR AVEC NOUS... POUR OFFRIR À TOUS SA RÉSURRECTION
IL N'ATTEND DE NOUS QU'UN CRI DE CONFIANCE ET D'AMOUR DU FOND DE NOTRE ENFER

POUR DÉGAGER CE CRI, IL FAUT EXPOSER TON CŒUR TOUT NU À LA FORCE CRÉATRICE DE LA PAROLE DE DIEU
O FRÈRES, LISEZ DAVANTAGE L'ÉVANGILE ET VOTRE ÂME SERA ABSORBÉE EN DIEU!
(ES 377)
"L'ÉCRITURE PARLE DU GRAND AMOUR DU SEIGNEUR QUI DÉSIRAIT SOUFFRIR POUR NOUS... MAIS SANS LA GRÂCE DU SAINT-ESPRIT, CELA EST INCOMPRÉHENSIBLE!"
(ES 337)
ÉVANGILE
?
LE CŒUR DOIT MANGER ET RUMINER LA PAROLE...
POUR QUE L'ESPRIT SAINT PASSE DE L'ÉCRITURE DANS LE CŒUR..
(ES 293)
TU ES AIMÉ!
" SI TOUT À COUP UNE PHRASE ENTRE DANS TON CŒUR COMME UN POIGNARD, ALORS ARRÊTE-TOI, RESTE-LÀ, PORTE EN TOI CETTE PAROLE ... "
" TON AMOUR M'A BLESSÉ ! "
(Jean Climaque)
STOP

IL Y AUSSI LES PSAUMES QUE TU PEUX PRIER SELON " LA LITURGIE DES HEURES "
LAISSE-TOI COULER DANS LE CRI DU PSALMISTE, AU-DELÀ DE LA LETTRE HUMAINE...
PSAUTIER
AU-DELÀ AUSSI DE TON OREILLE MUSICALE :
PÈRE DOSITHÉE, LORSQUE TON COMPAGNON DE CELLULE CHANTE LES PSAUMES, POURQUOI TE METS-TU À LA FENÊTRE ?
JE NE VEUX PAS QU'ON CROIE QUE JE SUIS EN TRAIN DE LE TORTURER !
JE CRIEIE VERS TOÎ
DIEU A IMPRIMÉ DANS MON CŒUR LA FORCE DES PSAUMES.
SANS LA DOUCEUR DES PSAUMES, JE NE POURRAIS PAS VIVRE.
ILS CONTIENNENT TOUTE LA SAINTE ECRITURE
(Abba Philémon)

CE QUE TOUTE PAROLE BIBLIQUE PEUT OPÉRER DANS LE CŒUR ...
SAINTE BIBLE
VAUT EN PREMIER LIEU DE LA PAROLE PAR EXCELLENCE ; LE RÉSUMÉ DE TOUT L'ÉVANGILE : LE NOM DE JÉSUS !
JÉSUS
CE NOM AMOUREUSEMENT RÉPÉTÉ ÉVEILLE ET EXPRIME TOUS LES DÉSIRS DE TON CŒUR ...
JESUS
IL DONNE **JÉSUS EN PERSONNE** QUI S'ÉTABLIT TOUJOURS PLUS FERMEMENT DANS LE CŒUR
QUELLE EST L'ŒUVRE MONASTIQUE LA PLUS AGRÉABLE À DIEU, ABBÉ MACAIRE ?
HEUREUX CELUI QUI PERSÉVÈRE DANS LE NOM BÉNI DE NOTRE SEIGNEUR JÉSUS CHRIST, D'UN CŒUR BROYÉ ...
COMME UNE BREBIS QUI RUMINE SA NOURRITURE, QUI DESCEND AU PLUS PROFOND DU CŒUR ...

RÉPÉTER AU LONG DES JOURS : "JÉSUS, PRENDS PITIÉ !" TE FAIT EXPÉRIMENTER L'AMOUR DE DIEU...
QUI EST BRÛLANT !
(ES 322)
SELON LE PÈRE JEAN LAFRANCE C'EST ICI QUE **LE CHAPELET** PREND LE RELAIS DE LA PRIÈRE DE JÉSUS
Jean Lafrance
Le Chapelet - Mediaspaul
POUR SUPPORTER LE FEU DE JÉSUS IL FAUT LA FRAÎCHEUR DE L'HUMILITÉ DE LA VIERGE
TU PASSES PAR ELLE POUR ATTIRER LA MISÉRICORDE. A L'INTÉRIEUR DE TON CŒUR, ELLE INTERCÈDE AVEC TOI :
"SI JE N'AVAIS PAS EU LE SECOURS DE LA MÈRE DE DIEU, JE SERAIS DÉSESPÉRÉ DE MON SALUT... MAIS À PRÉSENT J'ESPÈRE FERMEMENT EN LA MISÉRICORDE DE DIEU !"
(ES 389)
MARIE "EST NOTRE PROTECTRICE, SON NOM SUFFIT POUR RÉJOUIR LE CŒUR !"
(ES 357)

L'ICÔNE DE LA "déisis" (=SUPPLICATION)
MONTRE LA MÈRE DE DIEU ET SAINT JEAN BAPTISTE
ENTOURANT LE CHRIST "JUGE",
QUI SE RÉVÈLE SUR LA CROIX
COMME L'AMI ET L'ÉPOUX
JE SUIS LE chemin
JE VOUS conduis VERS LE chemin
AU-DESSUS DU SACERDOCE, MARIE A LE CHARISME DE LA PROTECTION DE L'UNIVERS... TOUTE PRIÈRE DEVIENT SIENNE.. (ES 357)
À TRAVERS SA TENDRESSE MATERNELLE, L'ESPRIT SAINT SE MANIFESTE "LE CONSOLATEUR"
plus vénérable que les chérubins
et plus glorieuse que les séraphins,
o Vierge qui as enfanté le Verbe de Dieu
Tu es vraiment la mère de Dieu
nous Te magnifions !

DÉSORMAIS " TOUT SON DÉSIR C'EST DE SAVOIR COMMENT DEVENIR HUMBLE " (ES 377)
HUMILITÉ
" PRIEZ POUR MOI, TOUS LES SAINTS, POUR QUE DESCENDE SUR MOI L'HUMILITÉ DU CHRIST !
C'EST À CELA QUE MON ÂME ASPIRE JOUR ET NUIT JUSQU'AUX LARMES ... "
(ES 283,281)
THÉRÈSE LE DIT AVEC SES MOTS À ELLE :
CE QUI PLAÎT À DIEU C'EST DE ME VOIR AIMER MA PETITESSE ET MA PAUVRETÉ
ET L'ESPÉRANCE AVEUGLE QUE J'AI EN SA MISÉRICORDE !
VOILÀ MON SEUL TRÉSOR ...
POURQUOI PAS LE TIEN ?

CHAPITRE HUIT

DES AMOUREUX - SANS - FRONTIÈRES

" Les enfants de Dieu, nés de l'Esprit
Saint,... prient pour toute l'humanité
en versant des larmes...
parfois leur esprit s'embrase d'une
telle joie et d'un tel Amour que,
si c'était possible, ils prendraient
tous les hommes dans leur coeur,
sans distinguer les mauvais des bons."

(Saint Macaire le Grand)

LE SEIGNEUR NOUS DEMANDE D'AIMER NOTRE PROCHAIN COMME NOUS-MÊMES...
MAIS CE PROCHAIN FAIT TOUT POUR NOUS FAIRE DÉSOBÉIR !
LE PROF EST UN

C'EST VRAI ! COMMENT AIMER "LES AUTRES" SANS ÊTRE SÉDUIT PAR LE VISAGE DU CHRIST ?

IL S'AGIT DE CET "AMOUR RÉPANDU EN NOS CŒURS PAR LE SAINT-ESPRIT QUI NOUS EST DONNÉ"
(Romains) 5,5

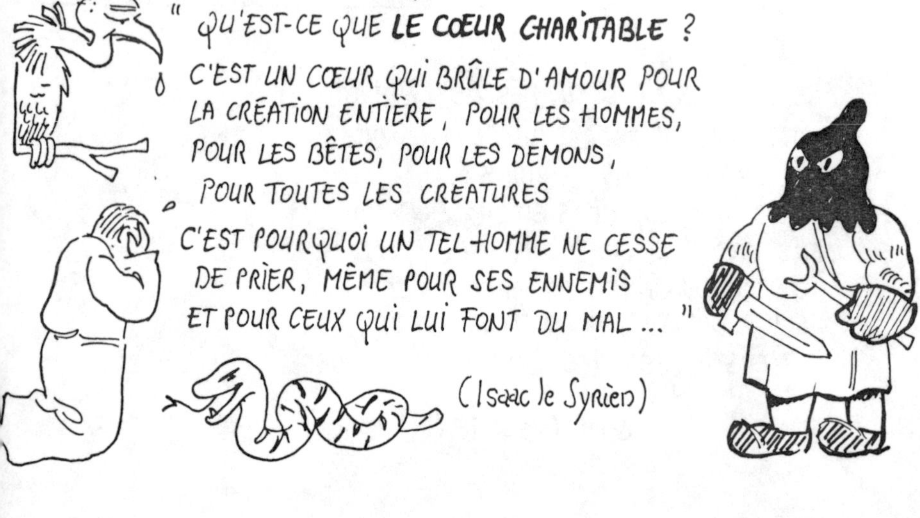
" QU'EST-CE QUE **LE CŒUR CHARITABLE** ?
C'EST UN CŒUR QUI BRÛLE D'AMOUR POUR LA CRÉATION ENTIÈRE, POUR LES HOMMES, POUR LES BÊTES, POUR LES DÉMONS, POUR TOUTES LES CRÉATURES
C'EST POURQUOI UN TEL HOMME NE CESSE DE PRIER, MÊME POUR SES ENNEMIS ET POUR CEUX QUI LUI FONT DU MAL ... "
(Isaac le Syrien)

" QUI NE POSSÈDE PAS
UN TEL AMOUR
QU'IL LE DEMANDE
AU SEIGNEUR ...
ET IL LE LUI ACCORDERA ! "

" MÛ PAR LA PITIÉ INFINIE QUI S'ÉVEILLE DANS LE CŒUR DE CEUX QUI S'UNISSENT À DIEU ... "

(Isaac le Syrien)

SILOUANE INTERCÈDE POUR LE MONDE ENTIER

" L'EXPÉRIENCE M'A MONTRÉ QUE L'ÉCONOME DOIT AIMER LES OUVRIERS "
" UN JOUR UN OUVRIER SE FACHA ET DEVANT 40 PERSONNES IL TRAITA L'ÉCONOME DE... "
(ES 379)
ESPÈCE DE
*
* un gros mot russe, que je préfère ne pas traduire...
CELUI-CI LUI DONNA DU THÉ :
APPELLE-MOI TOUJOURS ESPÈCE DE
" L'OUVRIER EUT SI HONTE QU'IL EST DEVENU LE PLUS OBÉISSANT DE TOUS ! "
" SI TU DOIS CORRIGER TON PROCHAIN QUE CE SOIT TOUJOURS AVEC DOUCEUR "
(ES 333, 295)
FLAP
FLAP
FLAP
" ET SI TU AS UN CHEF INSUPPORTABLE, NE RÂLE PAS, MAIS PRIE POUR LUI AVEC AMOUR, ET TU GARDERAS LA PAIX "
(ES 295)

LA MYSTIQUE ORTHODOXE S'EST HUMANISÉE EN RUSSIE.
ELLE NE SE SÉPARE JAMAIS DE LA CHARITÉ SOCIALE
... COMME CHEZ LES PÈRES DU DÉSERT :
AVEC LE PRODUIT DE SON TRAVAIL, ABBA AGATHON LOUE UNE CHAMBRE POUR UN ÉTRANGER MALADE ET DÉPENSE CE QUI LUI RESTE POUR LE SOIGNER.
UN MOINE D'ÉGYPTE N'HÉSITAIT PAS À VENDRE SON ÉVANGILE, SON SEUL BIEN, POUR POUVOIR NOURRIR UN AFFAMÉ.
J'AI FAIM
J'AI VENDU LE LIVRE MÊME QUI DIT : " VENDS CE QUE TU AS ET DONNE AUX PAUVRES !"
ET IL Y A AUSSI ABBA DIOSCORE QUI AVAIT DEUX TUNIQUES : UNE BONNE ET UNE MAUVAISE.
UN JOUR IL DONNE LA BONNE À UN MENDIANT
POURQUOI N'AS-TU PAS GARDÉ LA BONNE POUR LA LITURGIE ?
DONNERAIS-TU LA MAUVAISE À JÉSUS ?

" IL FAUT REGARDER TOUS LES HOMMES COMME SAINTS ET SE TENIR SOI-MÊME POUR LE SEUL PÉCHEUR ... "
(Syméon le Nouveau Théologien)
SILOUANE AIMAIT À RAPPELER L'HISTOIRE D'UN MOINE, PAÏSSIOS, QUI PRIAIT POUR UN DE SES DISCIPLES QUI AVAIT REJETÉ LE CHRIST.
(ES 292)
PITIÉ !
" IL CONTINUAIT D'AVOIR COMPASSION DE SON DISCIPLE ET LE SEIGNEUR LUI DIT :
PAÏSSIOS, PAR TON AMOUR TU T'ES ASSIMILÉ À MOI !
" IL N'Y A PAS D'AUTRE VOIE POUR TROUVER LA PAIX "
" QUE LA MISÉRICORDE L'EMPORTE TOUJOURS DANS TA BALANCE ...
POUR SENTIR EN TOI LA MISÉRICORDE MÊME QUE DIEU ÉPROUVE ENVERS LE MONDE "
(Isaac le Syrien)

"IL FAUT AVOIR COMPASSION DE CHAQUE CRÉATURE, DE TOUTE LA CRÉATION DE DIEU"
(ES 295)
POURQUOI ARRACHER UNE FEUILLE SANS NÉCESSITÉ ? CE N'EST PAS UN PÉCHÉ, MAIS LE CŒUR QUI AIME COMPATIT À TOUTE CRÉATURE
"DURANT TROIS JOURS IL PLEURE SUR UNE MOUCHE OU UN SERPENT ÉCRASÉ..."
(VS 91, ES 423)
JE PENSE ICI À SÉRAPHIM DE SAROV. QUI SE LAISSAIT DÉVORER PAR LES MOUSTIQUES DISANT À UN AMI QUI VOULAIT LES CHASSER :
QUE TOUT SOUFFLE LOUE LE SEIGNEUR !
BZZZZ
BZZZZZ
MAIS SON ARDENT ÉLAN VERS DIEU LUI FAIT TROUVER "LE JUSTE MILIEU" :
COMMENT PEUT-ON SE SOUCIER DES ANIMAUX AU POINT D'OUBLIER LES SOUFFRANCES DU PROCHAIN ?
IL NE FAUT PAS AVOIR D'ATTACHEMENT POUR LES ANIMAUX QUI SONT DE LA "TERRE", MAIS IL FAUT SEULEMENT AVOIR UN CŒUR BIENVEILLANT POUR EUX
(ES 424)

PROCHE DES ANIMAUX, LE SPIRITUEL EST PROCHE AUSSI DES **PETITS ENFANTS** QUI RECONNAISSENT EN LUI L'UN DES LEURS :
UNE PETITE FILLE DISAIT DE SAINT SÉRAPHIM :
SA CHAIR EST COMME LA NÔTRE !
TOUT CULMINE DANS **L'AMOUR VÉRITABLE DU PROCHAIN** :
ABBA SYLVAIN, J'AI UN ENNEMI QUI A VOLÉ MON CHAMP, IL NE CESSE D'EMPOISONNER MA VIE... JE VAIS LE LIVRER AU MAGISTRAT !
PRIONS D'ABORD, MON ENFANT... : NOTRE PÈRE ... NE PARDONNE PAS NOS OFFENSES COMME NOUS NE PARDONNONS PAS NON PLUS À CEUX QUI...
CE N'EST PAS COMME ÇA !?...
SI, C'EST COMME ÇA, CAR SI TU VEUX ALLER TE VENGER, JE NE FAIS PAS D'AUTRE PRIÈRE POUR TOI...
ET LE FRÈRE SE REPENTIT ET PARDONNA À SON ENNEMI ...

SILOUANE EST DEVENU AINSI UN ÊTRE DE LUMIÈRE, COMME LA MÈRE MARIE SKOBTZOFF, UNE MONIALE ORTHODOXE QUI VIVAIT EN FRANCE
(1891-1945)
Cité par Olivier Clément dans "La prière du coeur" Edit. de Bellefontaine
" " CETTE ANCIENNE RÉVOLUTIONNAIRE, SE DÉVOUAIT AUX EXCLUS ET AUX PLUS DÉCHUS. PENDANT LA GUERRE, ELLE A SAUVÉ BIEN DES VIES JUIVES."
A RAVENSBRÜCK, ELLE EST MORTE EN PRENANT LA PLACE D'UN AUTRE SUR LE CHEMIN DE LA CHAMBRE À GAZ
ELLE DIT QU'IL FAUT VOIR LE CŒUR DE L'HOMME COMME LE LIEU OÙ DIEU ET LE DIABLE MÈNENT UNE LUTTE INCESSANTE.
VLAM!
PENG!
PAF!
AÏE!
BONG!
OUILLE
ET L'ON DOIT INTERVENIR DANS CE COMBAT, NON "EN IMPOSANT LE BIEN", EN VOULANT "CONVERTIR" L'AUTRE...
MAIS PAR LA PRIÈRE DÉSINTÉRESSÉE, SANS AUTRE ARME QUE LE NOM DU SEIGNEUR!
?
!

" SILOUANE SAIT QUE L'ON NE PEUT VAINCRE LE MAL QUE PAR LE BIEN ;
QUE LUTTER PAR LA FORCE C'EST REMPLACER LA VIOLENCE PAR UNE AUTRE "

(VS 218)

AU LIEU DE LUTTER CONTRE LE SYSTÈME, LES CHRÉTIENS RUSSES ONT CRÉÉ UNE NOUVELLE RÉALITÉ POSITIVE :
UNE VRAIE COMMUNAUTÉ VIVANTE QUI PRATIQUE L'HOSPITALITÉ ET LA CHARITÉ SOCIALE
NOUS AVONS BESOIN DE CES COMMUNAUTÉS D'AMOUREUX QUI NOUS MONTRENT LE VISAGE DU RESSUSCITÉ !
COMME CES "MAISONS D'AMITIÉ" DE CATHERINE DE HUECK-DOHERTY QUI VIVAIT AVEC LES PLUS DÉMUNIS
TOUTE PETITE, CATHERINE DEMANDA :
MAMAN, QUE FAIRE POUR TOUCHER JÉSUS ?
TOUCHE MOI !
AUTREFOIS LES SAINTS EN RUSSIE S'INCLINAIENT DEVANT LES GENS, CAR ILS VOYAIENT DIEU EN EUX !
AINSI, LE "SACREMENT DE L'AUTEL" (L'EUCHARISTIE) SE PROLONGE DANS LE "SACREMENT DU FRÈRE".

LÉNINE, STALINE, HITLER ! TOUS LES PERSÉCUTEURS DE L'ÉGLISE.. QU'ILS BRÛLENT DANS LE FEU ÉTERNEL !
MAIS... PEUX-TU ÊTRE EN PAIX QUAND TU VOIS QUELQU'UN QUI BRÛLE EN ENFER ? L'AMOUR NE PEUT SUPPORTER CELA !
(VS 48)
"L'HOMME PEUT REFUSER LA LUMIÈRE... MAIS DIEU NE CESSE DE SOUFFRIR POUR QUE CETTE POSSIBILITÉ NE SE RÉALISE EN AUCUNE CRÉATURE "
(H.U. von Balthasar) "Espérer pour tous" DDB
SI C'ÉTAIT POSSIBLE, JE LES EMMÈNERAIS TOUS HORS DE L'ENFER ! ET ALORS SEULEMENT MON ÂME SE RÉJOUIRAIT
NON
(ES 422)
Ô SEIGNEUR, DONNE-MOI DES LARMES, POUR QUE JE PLEURE PAR AMOUR POUR MON FRÈRE JOUR ET NUIT...
(ES 423)
" CELUI QUI N'A PAS CONNU CET AMOUR, N'A PAS ENCORE CONNU DIEU ... "
(ES 422)

COMME THÉRÈSE DE LISIEUX, SILOUANE "SOUFFRE DANS SON CŒUR, AVEC CEUX QUI NE CONNAISSENT PAS DIEU OU S'OPPOSENT À LUI.."
(ES 323)
IL ACCEPTE DE FAIRE ROUTE AVEC EUX, "CAR PLUS ON AIME, PLUS GRANDE AUSSI EST LA SOUFFRANCE"
(ES 312)
SILOUANE ÉTAIT PRÊT À VERSER SON SANG POUR LA PAIX ...
ET IL LE FAISAIT RÉELLEMENT DANS SES PRIÈRES :
PRIER C'EST VERSER LE SANG DE SON CŒUR !
(VS 61)
ET C'EST LE CHRIST QUI INTERCÈDE EN NOUS, "C'EST LUI QUI NOUS POUSSE À PRIER ET À PLEURER POUR LE MONDE ENTIER"
IL Y A MÊME DES RUSSES QUI COMME CATHERINE DE HUECK PRIENT POUR QUE LE DIABLE RECEVRA LE PARDON.." IL ME PARAÎT IMPOSSIBLE QUE DIEU L'OUBLIE ..."
Catherine De Hueck-Doherty "Poustinia" ed. du CERF

PRIER ,, PRENDS PITIÉ DE NOUS PÉCHEURS " C'EST DIRE : " L'ENFER N'EST JAMAIS POUR LES AUTRES .. " TOUS SONT COUPABLES POUR TOUS !
LA VERSION GRECQUE EST ENCORE PLUS FORTE : " PRENDS PITIÉ DE MOI, LE PÉCHEUR " !
LE SEUL ...
CET ASSASSIN A PEUT ÊTRE FAIT UN SEUL CRIME ... MAIS MOI, PAR MES PÉCHÉS, JE TUE CHAQUE JOUR !
Abba Poemen
LE CRIMINEL, LE COUPABLE, LE RICHE POURRI, LE VOYOU ... CE N'EST PAS "L'AUTRE" ...
?
C'EST MOI !
CLIC !
" LE SALUT UNIVERSEL " N'EST PAS UNE CERTITUDE, CAR L'AMOUR DE DIEU EST UN RISQUE .. LA LIBERTÉ HUMAINE A SA GRANDEUR TRAGIQUE ...
voir Olivier Clément "L'autre Soleil" Stock
" MAIS IL DOIT ÊTRE L'OBJET DE NOTRE ESPÉRANCE .. DE NOTRE PRIÈRE .. "

RABBI SOUZIYA DIT QU'IL DESCEND AU PLUS PROFOND DU PÉCHÉ DE L'AUTRE, "JE LIE LA RACINE DE MON ÂME À LA RACINE DE LA SIENNE..
JE COMMENCE À ME REPENTIR, AINSI L'AUTRE SE REPENT AUSSI BIENTÔT.. CAR NOUS SOMMES DEVENUS UN"
UN JOUR ABBA NIL FUT EXCLU DE LA COMMUNAUTÉ (À CAUSE D'UNE GROSSE BÊTISE)
ABBA THÉODORE SE LEVA ET LE SUIVIT :
?!
MOI AUSSI JE SUIS UN PÉCHEUR
"LÀ OÙ EST DIEU, SE TROUVE L'AMOUR UNIVERSEL" (ES 424)
PLUS ON SE RAPPROCHE DU CENTRE - QUI EST DIEU ...
PLUS ON SE RAPPROCHE LES UNS DES AUTRES !

"TOUS LES HOMMES DEVIENNENT DES AMIS TRÈS CHERS, POUR LESQUELS LE SEIGNEUR EST MORT AU MILIEU DE GRANDES SOUFFRANCES " (ES 445)
L'ASSASIN, LE LOUBARD, "L'AUTRE QUI DÉRANGE"...
"C'EST MON FRÈRE ! C'EST MA PROPRE VIE !" (ES 339)
NOUS NE DEVONS AVOIR QU'UNE SEULE PENSÉE : **QUE TOUS SOIENT SAUVÉS !** C'EST CELA L'AMOUR ! (ES 345)
JE T'EN PRIE, SEIGNEUR, POUR TOUS LES HOMMES DEPUIS ADAM JUSQU'À LA FIN DU TEMPS... QUE TOUS LES PEUPLES TE CONNAISSENT DANS L'ESPRIT SAINT !
COMME ANTOINE QUI PRIAIT DEPUIS TROIS JOURS POUR LES PÉCHEURS ET LES DÉMONS QUI SUPPLIAIENT DIEU :
FAIS-LE ARRÊTER ! NOS ASSISES DANS LE MONDE VONT ÊTRE ÉBRANLÉES !!....
C'EST **PLUS** SERIEUX !...
ÇA DEVRAIT ÊTRE INTERDIT !

CE DON DE LA PRIÈRE POUR LES HOMMES, ANTOINE L'AVAIT REÇU APRÈS QUE DIEU LUI AVAIT RÉVÉLÉ QU'UN CORDONNIER D'ALEXANDRIE ÉTAIT PLUS AVANCÉ DANS LA SAINTETÉ QUE LUI...
"QUOI ? UN PETIT CORDONNIER PLUS SAINT QUE MOI, LE GRAND SAINT ANTOINE ? "
EX
HOP
ET EN PLUS, DANS CETTE VILLE DE PERDITION...
JE PARTAGE MON TEMPS EN TROIS PARTS : LA PRIÈRE, LE TRAVAIL ET LE SOMMEIL...
BOF !.. MOI JE PRIE **TOUT** LE TEMPS
JE DONNE UN TIERS DE MES REVENUS AUX PAUVRES, UN TIERS À L'ÉGLISE ET LE RESTE POUR MOI
BIGRE !... MOI, J'AI **TOUT** DONNÉ.. QUEL EST DONC TON SECRET ?
JE RÉPARE DES GODASSES... JE REGARDE LES PASSANTS ET JE DIS : SEIGNEUR, **QUE TOUS SOIENT SAUVÉS ! MOI SEUL JE MÉRITE L'ENFER !**
ANTOINE L'A PIGÉ :
JE N'AI PAS ENCORE ATTEINT SA TAILLE !..
LES ZÉROS

CHAPITRE NEUF

ELLE COURT... ELLE COURT... LA MALADIE D'AMOUR

" Quoi de plus facile que de
dire à chaque respiration :
Seigneur Jésus, aie pitié !
Seigneur Jésus, beni sois-Tu ! "

St. Macaire l'Egyptien

ÉCOUTEZ LES GARS ! LA STAR MAMA DONNA VIENT EN GRÈCE .. ÇA TE FAIT PLEURER, SILOUANE ?
SMASH
OUI... CAR JE N'AI PAS POUR PLAIRE À DIEU AUTANT DE ZÈLE QU'ELLE POUR PLAIRE AUX HOMMES..
POURQUOI LAISSEZ-VOUS ENTRER AU MONASTÈRE TOUTES LES NOUVELLES DU MONDE, PÈRE MISAËL ?
C'EST LE MEILLEUR MOYEN POUR QUE LES MOINES N'AIENT PAS ENVIE D'Y RETOURNER, HAHA...
J'AI BESOIN DE LIRE LES JOURNAUX, CELA PROVOQUE EN MOI LE DÉSIR DE PRIER
MOI JE N'AIME PAS, CAR LES JOURNAUX NOUS PARLENT DES ÉVÉNEMENTS, MAIS QUAND TU PRIES, TU CONNAIS MIEUX LES BESOINS DES HOMMES

"SILOUANE VIT LA TRAGÉDIE DU MONDE, PLUS INTENSÉMENT QUE CEUX-LÀ QUI VIVENT EN PLEIN DANS LE MONDE" (VS 219)
"LES HOMMES NE COMPRENNENT PAS TON AMOUR, TOUS LES PEUPLES S'AGITENT SUR LA TERRE" (ES 259)
EN 1905 LA BOMBE D'UN ANARCHISTE ANNONCE LA DESTRUCTION DE LA "SAINTE RUSSIE"
EN 1914 LA PREMIÈRE GUERRE MONDIALE ÉCLATE
BOUM
EN OCTOBRE 1917 LES BOLCHEVIKS PRENNENT LE POUVOIR EN RUSSIE
LA SOCIÉTÉ SERA TRANSFORMÉE! ...
"TOUS SUR TERRE, NOUS CHERCHONS LA LIBERTÉ, ET LA PAIX, MAIS NOUS NE SAVONS PAS QUE LE BIEN SE TROUVE EN DIEU, ET QU'IL NOUS EST DONNÉ PAR DIEU."

LE MARXISME-LÉNINISME EST NÉ D'UN RÊVE IMMENSE : VIVRE ENFIN UNE JUSTICE SOCIALE DANS UNE FRATERNITÉ UNIVERSELLE !...
MAIS SANS PÈRE...
ET ENFERMÉ DANS L'IMPASSE MATÉRIALISTE ...
QUAND DIEU DEVIENT SON ENNEMI MORTEL, L'HOMME DEVIENT UN LOUP POUR L'HOMME.. UN VRAI TCHERNOBYL DES ÂMES !
50 ANNÉES DE PROPAGANDE ATHÉE ONT AMPLIFIÉ DANS LES CŒURS LE SENTIMENT DE L'ABSENCE DE DIEU ...
DEPUIS LES ANNÉES '70, DE JEUNES INTELLECTUELS RENCONTRENT LE CHRIST VIVANT, SANS AUCUNE FORMATION RELIGIEUSE
!
?
VODKA
CHAQUE CONVERSION EST CONTAGIEUSE : 50-60 BAPTÊMES TOUS LES DIMANCHES, 1000 PERSONNES À CHAQUE LITURGIE !
" ENTRER DANS L'ÉGLISE C'EST RENCONTRER LA BEAUTÉ, LE COURAGE, LA JOIE AU CŒUR D'UN NIHILISME QUOTIDIEN "
(T. Goritcheva)

DEPUIS PLUS DE 50 ANS, LES PETITS ET LES PAUVRES N'ONT CESSÉ DE PRIER POUR CETTE PENTECÔTE
GOSPODI POMILUI...
AVEC LES MILLIERS DE MARTYRS DANS DES ASILES PSYCHIATRIQUES, DES CAMPS DE CONCENTRATION...
C'EST AU CŒUR MÊME DE L'OPPRESSION QU'ILS DÉCOUVRENT LA VRAIE LIBERTÉ DANS UNE VIE NOUVELLE, TRANSFIGURÉE :
Vladimir Zielinski
" Pardonne-nous tous, bénis-nous tous, ...
les bourreaux et les victimes,
ceux qui maudissent et ceux qui sont maudits,
ceux qui se révoltent contre Toi
et ceux qui se prosternent devant Ton Amour
prends-nous tous en Toi,
Père saint et juste ! "

UN COEUR QUI PRIE PEUT DÉCHIFFRER L'ABSURDITÉ APPAREN-
TE DE L'HISTOIRE, À LA LUMIÈRE DE L'ESPRIT :
LA PROMESSE DE LA VIERGE MARIE
À FATIMA LE 13 JUILLET 1917
si l'on entend mes demandes, la Russie se convertira et on aura la paix !
L'OFFENSIVE DE PRIÈRE AVEC L'ANNÉE MARIALE (1988) POUR LE MILLÉNAIRE DU CHRISTIANISME EN RUSSIE ...
Saint Vladimir
L'ANNÉE OÙ SILOUANE EST CANONISÉ PAR LE PATRIARCAT DE CONSTANTINOPLE
L'EMPIRE DU MENSONGE ET DE LA PEUR S'ÉCROULE EN 3 JOURS :
(DE LA FÊTE ORTHODOXE DE LA TRANSFIGURATION 19 AOÛT -
À LA FÊTE CATHOLIQUE DE MARIE REINE 22 AOÛT 1991 !)
MAIS TOUT EST ENCORE À FAIRE ...
TOUT DÉPEND DE NOTRE CONVERSION
PUISQUE C'EST COMME ÇA.. JE ME TIRE !

L'ŒIL MÉDIATIQUE DES CAMÉRAS NE VOIT QUE LA SURFACE DES ÉVÉNEMENTS...
ASSEZ
MAIS UN CŒUR QUI BAIGNE DANS LA PRIÈRE CONTEMPLE "LA FLAMME DES CHOSES"
(Isaac le Syrien)
LE COSMOS ENTIER EST NOURRI PAR LA PRIÈRE, MAIS IL FAUT DES HOMMES POUR L'EXPRIMER
LE NOM DE JÉSUS DEVIENT UNE CLÉ QUI OUVRE LE MONDE ET QUI L'OFFRE À DIEU
"QUAND JE PRIAIS AU FOND DU COEUR, TOUT TÉMOIGNAIT DE L'AMOUR DE DIEU. TOUT PRIAIT ! TOUT CHANTAIT LA GLOIRE DE DIEU !"
(pèlerin Russe)
TOUTE PARCELLE DE LA CRÉATION DE DIEU PORTE, COMME UNE ICÔNE COSMIQUE, SES TRACES LUMINEUSES

TU DÉCOUVRES AINSI LE "CÔTÉ MYSTIQUE" EN TOUTE CHOSE : LA VIE EST PLEINE DE MIRACLES !
TOUT DEVIENT UNE PLÉNITUDE D'AMOUR : MARCHER, RESPIRER, DANSER, JOUER, BRICOLER...
"L'ESPRIT SAINT DONNE POUR AUTANT QUE CE SOIT POSSIBLE, DE CONNAÎTRE DÈS ICI BAS, LA PLÉNITUDE DE LA JOIE DU PARADIS" (ES 373)
LA PRIÈRE JAILLIT SPONTANÉMENT DU CŒUR "COMME UN FEU JOYEUX" (Grégoire de Sinaïte)
QUAND TU AS UNE RAGE DE DENTS, TU N'ES PAS OBLIGÉ D'Y PENSER POUR T'EN SOUVENIR, CELA T'HABITE !
(ES 263)
IL EN EST DE MÊME POUR LA PRIÈRE : "ELLE JAILLIT SANS EFFORT.. JOUR ET NUIT" (ES 443)
LE JOUR JE PRIE AVEC MA BOUCHE, LA NUIT JE CONTINUE AVEC MON NEZ !

BEAUCOUP DE GENS PENSENT QUE LA PRIÈRE EST UNE AFFAIRE COMPLIQUÉE QUI SE RAJOUTE AUX AUTRES ACTIVITÉS
OCCUPÉ !..
MAIS C'EST ELLE QUI ANIME TOUTES LES ACTIVITÉS DU DEDANS : PENSÉES, PAROLES, GESTES ...
QUAND TON CŒUR EST ÉVEILLÉ, TU N'AS PLUS BESOIN D'HORAIRES FIXES POUR PRIER.
ELLE ENVAHIT TOUT LE TEMPS LIBRE, COMME CHEZ MOZART QUI AVAIT SANS CESSE UNE MÉLODIE DANS LA TÊTE :
" L'ESPRIT DE CELUI QUI A CONNU DIEU PAR LE SAINT-ESPRIT BRÛLE JOUR ET NUIT D'AMOUR POUR DIEU "
(ES 282)
" MÊME S'IL TRAVAILLE OU S'IL PARLE... MÊME AU MILIEU D'UNE FOULE, SON CŒUR POURRA SANS INTERRUPTION CRIER VERS DIEU "
(ES 313, 379)
JÉSUS ♡

"CELUI QUI AIME DIEU PEUT PENSER À LUI, JOUR ET NUIT. IL N'Y A RIEN QUI POURRAIT L'EN EMPÊCHER."
N
"LE MONDE NE GÊNAIT NULLEMENT L'AMOUR DES APÔTRES. LES SAINTS NE RESTAIENT PAS UNE SECONDE SANS PRIER."
TES SOUCIS DE L'ÉCONOMAT NE NUISENT-ILS PAS AU SILENCE DU MOINE ?
C'EST QUOI LE SILENCE ? LE SILENCE C'EST LA PRIÈRE INCESSANTE ET LA DEMEURE EN DIEU !
"LE PÈRE JEAN DE CRONSTADT ETAIT CONSTAMMENT ENTOURÉ DU MONDE, MAIS IL ÉTAIT PLUS EN DIEU QUE BIEN DES ERMITES"
(VS 62)
C'EST PAR OBÉISSANCE QUE JE SUIS DEVENU ÉCONOME. JE PEUX DONC MIEUX PRIER ICI QUE SI J'ÉTAIS ERMITE PAR CAPRICE !...
BLA
BLA
BLA
CHEQUE
SOUS

LA PRIÈRE DU COEUR NOUS ÉTABLIT DANS LA SIMPLICITÉ : LE COEUR N'A QU'UN SEUL PLI : LA VOLONTÉ DU PÈRE
MOI
TOI
COMMENT SAVOIR QUEL EST NOTRE DEVOIR ?
C'EST FACILE : C'EST CE QUE L'ON DÉSIRE FAIRE LE MOINS ...
IL NE S'AGIT PAS TELLEMENT D'OBÉIR À MON SUPÉRIEUR, OU "AU BIEN COMMUN"...
MAIS DE RENONCER À MES PETITS DÉSIRS ÉGOÏSTES DE MON "MOI" SUPERFICIEL ET ARTIFICIEL (ES 380)
MOI
MÊME SILOUANE NE L'APPREND PAS TOUT DE SUITE :
IL A OBTENU LA PERMISSION (APRÈS AVOIR CASSÉ LA TÊTE DE SON PRIEUR ...) DE VIVRE PARMI LES CHAMPIONS DE L'ASCÈSE, AU DÉSERT.
(ES 419)
MAIS IL A PRIS FROID ET IL EST OBLIGÉ DE REPRENDRE SON TRAVAIL D'ÉCONOME.
JE RECONNAIS QUE JE N'AI FAIT QU'À MA TÊTE ...
SOUPIR ...

LES ANCIENS ONT DIT : „ SI TU VOIS UN JEUNE MONTER AU CIEL PAR SA PROPRE VOLONTÉ, SAISIS-LUI LE PIED ET REJETTE LE PAR TERRE... CAR CELA NE VAUT RIEN !"
LA VRAIE OBÉISSANCE FAIT GRANDIR DANS LA LIBERTÉ INTÉRIEURE, QUI EST UN DON DE SOI
FRAGILE
POURQUOI ES-TU SI HEUREUX FRÈRE PANTELEIMON ?
TOUS LES FRÈRES M'AIMENT ! CAR J'OBÉIS À TOUS... À N'IMPORTE QUI ET OÙ QUE L'ON M'ENVOIE !
ES 435
LE STARETS SILOUANE S'ENTRETIENT UN JOUR AVEC UN ÉTUDIANT :
OÙ EST-LA LIBERTÉ ? EST-ELLE POLITIQUE, ÉCONOMIQUE OU SEXUELLE ?
LA VRAIE LIBERTÉ C'EST D'AIMER DIEU ET SON FRÈRE DE TOUT SON CŒUR, ET DE DEMEURER CONSTAMMENT EN DIEU
VS 64

ET CELA N'EST PAS RÉSERVÉ AUX MOINES AUX ERMITES OU AUX PÈLERINS !
?
" CEUX QUI VIVENT DANS LE MONDE, BIEN QUE MARIÉS, DOIVENT POURTOUT RESSEMBLER AUX MOINES, POUR ATTEINDRE LES MÊMES HAUTEURS"
(Jean Chrysostome)
IL S'AGIT POUR CHACUN DU MODE D'ADAPTATION. DES OUVRIERS, DES PAYSANS, DES INGÉNIEURS PRIENT SANS CESSE TOUT EN VIVANT LA VIE LA PLUS ORDINAIRE. ILS FORMENT LE "COEUR" DU PEUPLE RUSSE :
OOO
SAINT ANTOINE APPRIT QU'UN MÉDECIN DONNAIT AUX PAUVRES SON SUPERFLU ET CHANTAIT TOUT LE JOUR LE "TRISAGION" :
"EN S'UNISSANT AU CHOEUR DES ANGES "
DIEU SAINT DIEU FORT DIEU IMMORTEL
AIE PITIÉ DE NOUS !...

C'EST POUR CETTE TÂCHE, QUE L'HOMME EST RENDU SAINT, C'EST-À-DIRE "mis à part"
C'EST "LE SACERDOCE DES BAPTISÉS" : TOUCHER EN PRIANT, RENCONTRER EN BÉNISSANT
MISSION
LES PRÊTRES EN RUSSIE APPELLENT LES NOUVEAUX CONVERTIS À NE PAS FUIR LE MONDE, MAIS À LE TRANSFIGURER
L'ICÔNE TÉMOIGNE DE LA PROXIMITÉ DE DIEU, LA PETITE VEILLEUSE TRADUIT LE MOUVEMENT DU CŒUR TOUJOURS EN PRIÈRE, EN PRÉSENCE DE L'INVISIBLE
TOUT FOYER CHRÉTIEN EST APPELÉ À ÊTRE UN TRAIT D'UNION, UN RELAIS ENTRE LE CHRIST ET LA CIVILISATION SANS DIEU
AU GOUVERNEUR MIRONOVITCH QUI VOULAIT RENTRER AU MONASTÈRE, SON STARETS DISAIT :
SERGEI, DES HOMMES COMME TOI SONT PLUS NÉCESSAIRES DANS LE MONDE QU'ICI

CHAPITRE DIX

"par sa mort, Il a vaincu la mort
à ceux qui sont dans les tombeaux
Il a donné la vie "

(Liturgie de Pâques)

UN JOUR ABBA LOT VIENT VOIR ABBA JOSEPH
(Sentences des Pères du désert)
JE SUIS UNE RÈGLE MODÉRÉE : UN PEU DE JEÛNE, DE PRIÈRE, DE TRAVAIL ...
JE NE ME LÈVE PAS TROP TARD ET J'ESSAIE D'AIMER MES FRÈRES, QUOI...
À TON AVIS, QU'EST-CE QUE JE PEUX FAIRE DE PLUS ?...
ALORS LE VIEILLARD SE LÈVE, TEND LES MAINS VERS LE CIEL ET SES DOIGTS DEVIENNENT COMME DIX CIERGES :
SI TU VEUX... TU PEUX DEVENIR UNE VIVE FLAMME !
"CELUI QUI N'A PAS CONNU LA GRÂCE DU SAINT-ESPRIT SE CONTENTE D'UNE RÈGLE, CELA LE SATISFAIT "
"TOUT COMME LE COQ DANS LA PETITE COUR QUI IGNORE LE VOL DE L'AIGLE DANS LES HAUTEURS DU CIEL "
(ES 443)
12
3
6
9

À MOTOVILOV, SAINT SÉRAPHIM RÉVÈ-
LE **LE BUT DE LA VIE CHRÉTIENNE** :
(SON "IDENTITÉ" DIRAIT-ON AUJOURD'HUI)
RECEVEZ L'ESPRIT SAINT !
" NOUS NE SOMMES QUE DE LA TERRE,
MAIS L'ESPRIT SAINT NOUS REND SEM-
BLABLES AU SEIGNEUR JÉSUS-CHRIST,
ET ENFANTS DU PÈRE . "
(ES 353)
LE PÈRE, LE FILS ET LE SAINT-
ESPRIT HABITENT EN TOI : TU PAR-
TICIPES À LEUR VIE DIVINE !
L'ESPRIT SAINT RÉPAND SUR CHAQUE
CROYANT DES DONS UNIQUES, POUR
QU'IL PUISSE RÉPONDRE À SA VOCATION :
(ES 314)
TRANSFORMER LE MONDE EN LITUR-
GIE COSMIQUE, L'EMBRASER DU FEU
DU CHRIST QUI BRÛLE DANS
L'EUCHARISTIE

CETTE LUMIÈRE INTÉRIEURE SE MANIFESTE PARFOIS VISIBLEMENT CHEZ CERTAINS SAINTS :
MAIS D'UNE FAÇON "PLUS ORDINAIRE" CHEZ CES PAYSANS RUSSES QUI SAVENT :
DÉJÀ NOUS SOMMES RESSUSCITÉS AVEC LE CHRIST !
"NOUS DEVENONS JOYEUX ET RAYONNANTS COMME LE SEIGNEUR" "TRÈS AGRÉABLES À VOIR ..." (ES 351)
UN AVANT-GOÛT DU JOUR SANS DÉCLIN OÙ LE MONDE ENTIER SERA "BUISSON ARDENT" DANS LE CHRIST.
CETTE TRANSFIGURATION EST OFFERTE À TOUS : PAR LA PRIÈRE ET LES SACREMENTS
PAR CHAQUE GESTE D'AMOUR ENVERS NOS FRÈRES", CAR C'EST DE NOTRE VOISIN QUE DÉPEND POUR NOUS LA VIE OU LA MORT " (Saint Antoine)

" LA GRÂCE DU SAINT-ESPRIT NOUS REND, DÉJÀ SUR TERRE, RESSEMBLANTS AU SEIGNEUR JÉSUS CHRIST "
(ES 265)
L'ESPRIT, TU NE LE VOIS PAS, TU NE L'ENTENDS PAS... MAIS IL LAISSE SA SIGNATURE : " PAIX, DOUCEUR, JOIE ! "
(ES 346, 353)
REGARDE SILOUANE : CE GROS GOINFRE COLÉRIQUE, ÉGOÏSTE ET VANITEUX
"... EST TRANSFORMÉ TOUT ENTIER EN AMOUR DE DIEU ET DU PROCHAIN, DOUX ET HUMBLE DE CŒUR "
(ES 255)
ET CE N'EST PAS PAR " COUPS DE VOLONTÉ " MAIS PAR " COUPS DE GRÂCE " DE L'ESPRIT !
(ES 362)
SILOUANE ÉTAIT UN PAUVRE PÉCHEUR COMME TOI, MAIS IL N'A CESSÉ DE MENDIER LA GRÂCE DE L'ESPRIT SAINT... FAIS COMME LUI ET TU VERRAS !

UN DES PLUS BEAUX FRUITS DE LA PRIÈRE DU COEUR EST **L'UNIFICATION** DE TOUT TON ÊTRE
VOLONTÉ, MÉMOIRE, AFFECTIVITÉ, IMAGINATION ... TOUT EST BRANCHÉ SUR CE MONDE INTÉRIEUR
LA "PRIÈRE DE JÉSUS" N'A RIEN D'UN ANTI-INTELLECTUALISME : L'INTELLIGENCE EST FÉCONDÉE PAR L'AMOUR
CAR "PLUS PARFAIT EST L'AMOUR, PLUS PARFAITE EST LA CONNAISSANCE "
(ES 337)
" LES DÉBATS SUR LA FOI SONT INTERMINABLES, MAIS SI NOUS PRIONS, RAPIDEMENT DIEU NOUS ÉCLAIRERA "
(ES 268)
BLA
BLA
BLA
BLA
BLA
BLA
ÇA NE TE DISPENSE PAS DE RÉFLÉCHIR... MAIS L'ORIENT CHRÉTIEN APPELLE "THÉOLOGIEN" CELUI QUI PRIE
Saint Jean

"SI PAR SES SOUFFRANCES, LE SEIGNEUR NOUS A DONNÉ LE SAINT-ESPRIT, NOUS A DONNÉ SON CORPS ET SON SANG, IL EST ÉVIDENT QU'IL NOUS DONNERA TOUT LE RESTE DONT NOUS AVONS BESOIN !"
(ES 321)
" ABANDONNONS-NOUS ET NOUS VERRONS LA PROVIDENCE DIVINE, DIEU NOUS DONNERA MÊME CE QUE NOUS N'ATTENDONS PAS. "
!?
PUZZLE
DÉJÀ SON PÈRE, IVAN PETROVITCH, DONNAIT DES AUMÔNES SANS COMPTER
(ES 320)
DIEU NOUS LE RENDRA !
UN JOUR DES CAMBRIOLEURS ONT FAIT UNE VISITE-SURPRISE CHEZ ABBA ISIDORE :
HÉ, ATTENDEZ ! VOUS AVEZ OUBLIÉ PLEIN DE CHOSES
COMMENT VIVRE SELON LA VOLONTÉ DE DIEU ?
" C'EST ABANDONNER TOUT SOUCI. CAR DIEU PREND SOIN DE NOUS AVEC TENDRESSE. "
IMPOTS
LOYER
" SI TU AS BESOIN DE QUELQUE CHOSE, CONFIE-LE À DIEU, SI TU NE L'OBTIENS PAS, RESTE CALME MALGRÉ TOUT... "
(ES 310)

"JE NE DEMANDE RIEN AUX MALADES PAUVRES, J'ACHÈTE MÊME LEURS MÉDICAMENTS... ET DIEU ME DONNE TOUT EN SURCROÎT !
Docteur Evgeni Rozov
C'EST LA SEULE SOLUTION ÉCONOMIQUE : UNE ÉCONOMIE BASÉE SUR LE BESOIN ... **LE BESOIN DE NE PAS AVOIR**
CATALOGU
POUR DEVENIR " LE PAUVRE FRÈRE DE TOUS " (St.Syméon) QUI VEND ET PARTAGE TOUT CE QU'IL est
EN ACCUEILLANT CHEZ LUI LES AFFLIGÉS ET LES DÉSESPÉRÉS, SAINT SÉRAPHIM TRANSFUSAIT SA PAIX DANS LEURS ÂMES.
POUR MATÉRIALISER SA TENDRESSE, IL DONNAIT DES MORCEAUX DE PAIN, SIGNES DE L' EUCHARISTIE INTÉRIORISÉE
LE PEUPLE RUSSE A TOUJOURS EU UN AMOUR PARTICULIER DU CHRIST ENTOURÉ DES MENDIANTS, DES INFIRMES ET DES PLUS PETITS

"L'ŒUVRE LA MEILLEURE, C'EST DE SUPPORTER LES ÉPREUVES AVEC ESPÉRANCE ET RECONNAISSANCE" (ES 310)
DANS L'AFFLICTION, NE MURMURE PAS, MAIS PRIE :
SEIGNEUR, AIDE-MOI À TOUT SUPPORTER ET À TE RENDRE GRÂCE (ES 290)
L'ESPRIT SAINT DONNA AUSSI À LA MÈRE DE DIEU LA FORCE DE SUPPORTER LA DOULEUR AU PIED DE LA CROIX (ES 312)
À CAUSE DE LA DOUCEUR DE L'ESPRIT LES APÔTRES NE REDOUTAIENT PAS LE MARTYRE, LA FAIM, LE DÉNUEMENT, LE MÉPRIS ET LA PERSÉCUTION" (ES 326,321)
"UN JOUR UNE ARÊTE DE POISSON RESTAIT COINCÉE DANS MA GORGE, J'AI CRIÉ VERS LE SEIGNEUR ET IL M'A GUÉRI À L'INSTANT MÊME..." (ES 309)
TAP TAP
PITIÉ !!!
MAIS ÇA FAIT DES ANNÉES QUE JE PRIE POUR LA GUÉRISON DE MES MAUX DE TÊTE... J'AI COMPRIS QUE JE DOIS LES SUPPORTER ET OFFRIR..."

MAIS COMMENT, DE NOS JOURS, GARDER LA PAIX DU CŒUR ?
(ES 291)
SIDA
%
CHOMAGE
"L'UNIQUE PÉCHÉ", DIT SAINT ISAAC LE SYRIEN, "C'EST D'ÊTRE INSENSIBLE AU RESSUSCITÉ !"
AU CŒUR DE LA SPIRITUALITÉ ORTHODOXE, ON TROUVE LA SENSATION VIVE DE LA VICTOIRE SUR LA MORT :
LE CHRIST EST RESSUSCITÉ !
SOUS LE RÉGIME DU MARTYR, AU FOND DES GOULAGS, DES MILLIERS DE RUSSES L'ONT EXPÉRIMENTÉ :
IL EST VRAIMENT RESSUSCITÉ !
VOILÀ LA RÉPONSE À NOS ANGOISSES : TOUTES LES FORCES DU MAL SONT DÉJÀ ANÉANTIES PAR CETTE VICTOIRE !
"dans le monde vous avez à souffrir," DIT JÉSUS... "mais n'ayez pas peur ! J'AI VAINCU LE MONDE !"
Jean 16, 33

"VLADIMIR LOSSKY (EXILÉ DE RUSSIE), LASSÉ DE TANT DE CHRYSANTHÈMES POUR LES MORTS, UN 2 NOVEMBRE...
VINT OFFRIR DES ROSES À MA FEMME" raconte Olivier Clément
(L'autre Soleil -ed. Stock)
J'APPORTE DES FLEURS AUX VIVANTS! IL N'Y A QUE DES VIVANTS!!!
AINSI LE CŒUR DE SILOUANE REPOSE DANS UNE INÉBRANLABLE PAIX ET AVEC UNE JOIE RADIEUSE...
"MAIS EN MÊME TEMPS IL DÉSIRE POUR TOUS CETTE MÊME JOIE, ALORS IL SOUFFRE POUR LE MONDE ET PRIE AVEC DES LARMES."
(US 219 ES 354)
PITIÉ...
"DANS SA PLÉNITUDE D'AMOUR, LE CŒUR DE LA MÈRE DE DIEU ÉTAIT TOUT OCCUPÉ DU SEIGNEUR :
MAGNIFICAT!
MAIS EN MÊME TEMPS ELLE PRIAIT POUR LE MONDE ENTIER ; CAR PLUS BRÛLANT EST L'AMOUR, PLUS ARDENTE EST LA PRIÈRE"
(ES 335)

DANS DES CONDITIONS TRAGIQUES LES CHRÉTIENS RUSSES ONT APPRIS COMMENT "DEVENIR PRIÈRE"
Alexandre OGORODNIKOV
LES "MAÎTRES DU SOUPÇON" ONT CHERCHÉ À ÉBRANLER LEUR FOI ... MAIS LE NOM DE JÉSUS A PRIS RACINE EN LEUR CŒUR
Freud
MARX
Nietzsche
IL LEUR APPORTE **LA CERTITUDE D'AIMER ET D'ÊTRE AIMÉ**... PERSONNE NE POURRA ÉTEINDRE CETTE FLAMME !
MÊME SANS LE SAVOIR, ILS EXHALENT **UNE PAIX INTENSE** ... EN EUX, LE MONDE DEVIENT "BUISSON ARDENT"
PENDANT LES INTERROGATOIRES DU KGB, TATIANA GORITCHEVA PRIAIT À VOIX BASSE :
" CETTE PRIÈRE CRÉE AUTOUR DE MOI UN CHAMP INFRANCHISSABLE, OÙ JE ME SENS PROTÉGÉE DANS N'IMPORTE QUELLE CIRCONSTANCE ... "
SEIGNEUR JÉSUS CHRIST, AIE PITIÉ DE MOI, PÉCHERESSE
BIBLE

SILOUANE VIT AU CŒUR
DE LA SPIRITUALITÉ RUSSE
(L'ÉVANGILE À L'ÉTAT PUR !) :
L'APPAUVRISSEMENT
TOTAL
IL RENTRE AINSI DANS LA LIGNÉE DES VAGABONDS RUSSES, ET DES " FOLS EN CHRIST " QUI SONT DEVENUS LES " PLUS PETITS " DE CE MONDE.
ÉTRANGE PARADOXE : " CELUI QUI S'AVANCE TOUJOURS VERS DIEU PAR DE CONTINUELLES LARMES...
Je n'suis qu'un PÉCHEUR..
PARDONNÉ !
PASSE CHAQUE JOUR DE SA VIE DANS UNE FÊTE ! "
(Jean Climaque)
ES 417
" O SEIGNEUR DONNE-NOUS DE TE LOUER JUSQU'À NOTRE DERNIER SOUFFLE "
(ES 401)
" LES BÉBÉS CRIENT,
LES HOMMES DU MONDE BAVARDENT,
LES MOINES SE TAISENT...
MAIS LES SAINTS CHANTENT ! "
(Abba Euloge)

LES STARETS D'OPTINO ACCUEILLENT DES MILLIERS DE PELERINS ET RÉPONDENT À D'INNOMBRABLES LETTRES.
CERTAINS, POUSSÉS PAR LA CHARITÉ, QUITTENT LEUR SOLITUDE, " ILS NE DÉSIRENT DE TOUT LEUR CŒUR QU'AIMER TOUS ET CHACUN " (macaire)
FERMÉ
QUAND LA PRIÈRE S'ENRACINE DANS TON CŒUR, TU PEUX TE CACHER AU FOND D'UNE CAVE, LES GENS LE SENTIRONT ET VIENDRONT TE VOIR...
CAR TU POURRAS DIRE : " CE N'EST PLUS MOI, MAIS LE CHRIST QUI PARLE, AIME ET AGIT EN MOI ! "
VAS Y !
UN OFFICIER DU K.G.B. DEMANDA À NICOLAS, LUTHÉRIEN À ST. PETERSBOURG :
DE QUEL DROIT PARLEZ-VOUS DE DIEU ? MONTREZ VOTRE CERTIFICAT !
C'EST L'ÉVANGILE : " LA PLÉNITUDE DU CŒUR FAIT PARLER LA BOUCHE ! " VOILÀ MON CERTIFICAT !
EVANGILE

" ACTION OU CONTEMPLATION ? "
" QUESTION INUTILE " RÉPOND ST-SÉRAPHIM LE VRAI PROBLÈME C'EST **LA DIMENSION DU COEUR** ! "
" SI TON CŒUR VIT DANS LA PAIX DU CHRIST, DES MILLIERS AUTOUR DE TOI SERONT SAUVÉS ! "
CHAQUE PRIÈRE, CHAQUE GESTE D'AMOUR ; TOUT ACTE CRÉATEUR ET TOUT COMBAT POUR LA JUSTICE...
" MÊME UN SIMPLE SALUT " (ES 386) FAIT JAILLIR LA LUMIÈRE DANS L'UNIVERS !
DANS UNE **LIBERTÉ** " SCANDALEUSE " :
RÔÔÔ FZZZ
IL Y A DES FRÈRES QUI S'ENDORMENT À LA CHAPELLE... FAUT-IL LES SECOUER OU PUNIR ?
QUAND JE VOIS UN FRÈRE S'ASSOUPIR, JE METS SA TÊTE SUR MES GENOUX ET JE LE FAIS REPOSER...

PAR UNE NUIT SOMBRE, UNE TEMPÊTE VIOLENTE SECOUE LES BARQUES DANS LE PORT. SILOUANE PRIE :
PITIÉ SEIGNEUR !
ET LA MER SE CALME...
MAINTENANT JE SAIS QUE LE SEIGNEUR FAIT AUSSI DES MIRACLES POUR UN PÉCHEUR, AUSSITÔT QUE SON ÂME S'HUMILIE !
JAMAIS IL NE CONTREDIT QUELQU'UN, JAMAIS IL NE JUGE. SI ON S'OPPOSE À LUI, IL SE TAIT... (ES 433)
T'ES UN ORGUEILLEUX ...
UN ILLUMINÉ
"CELUI QUI AIME DIEU GARDE LA SÉRÉNITÉ DANS LA GLOIRE COMME DANS LE DÉSHONNEUR..." (ES 445)
1
SILOUANE SE TROUVE SUR "LE DEGRÉ SUPÉRIEUR" DE L'ÉCHELLE DE L'HUMILITÉ " (St.-Benoît)
QUI EST TOUT EN BAS !
"LES SAINTS RECEVAIENT LE POUVOIR DE FAIRE DES MIRACLES ; MOI, PAR CONTRE, JE DEMANDE L'HUMILITÉ ET L'AMOUR DU CHRIST...

"LE 14 SEPTEMBRE 1932, IL Y EUT AU MONT ATHOS UN VIOLENT TREMBLEMENT DE TERRE PENDANT LA VIGILE DE L'EXALTATION DE LA SAINTE CROIX. LA PLUPART DES MOINES RESTÈRENT À LEUR PLACE, TRANQUILLEMENT..." (ES 426)
BRRRRROOOOOMMMRR
TRROOOO
ARRÊTONS L'OFFICE... ET PRIONS!
JE SAIS QUE LE SEIGNEUR NOUS AIME, ALORS QU'AVONS-NOUS À CRAINDRE ? MÊME SI LA MORT NOUS MENAÇAIT ?
"JE SUIS UN VIEILLARD ET JE ME PRÉPARE À MOURIR..." (ES 254) "J'AI HÂTE DE REJOINDRE MA FAMILLE DU CIEL ET MA PATRIE"
" LE SEIGNEUR A DONNÉ LE PARADIS AU LARRON, DE MÊME IL LE DONNERA À TOUT PÉCHEUR QUI DEMANDERA SON PARDON " (ES 255, 333)

" POUSSÉ PAR L'AMOUR DIVIN " (ES 357) SILOUANE COMMENCE À ÉCRIRE :
J'ai 72 ans et jécris avec des larmes au nom de la Miséricorde que le Saint-Esprit m'a donnée de connaître
Comment cacher l'Amour du Seigneur et ne pas parler aux hommes afin que tous ils aiment Dieu et trouvent en Lui le repos ?
(ES 433)
O peuples de la la terre, je tombe à genoux devant vous et je vous supplie les larmes aux yeux : Venez au Christ ! Je connais son Amour pour vous.
(ES 315)
mes frères, j'écris dans l'espoir qu'au moins une seule âme aimera le Seigneur ...
(ES 263)
mon esprit s'immobilise... je m'arrête d'écrire ...
(ES 314)

PLUS D'UN MILLION D'ENFANTS MEURENT DE FAIM SOUS LE RÈGNE DE TERREUR DE STALINE ...
TOUTE L'EUROPE TREMBLE DEVANT L'IMMINENTE CATASTROPHE DE LA SECONDE GUERRE MONDIALE ...

MAIS L'ESPRIT SAINT NE CESSE DE SUSCITER DES CŒURS DE FEU :
(ES 361)
Sœur Faustine
(1905-1938)
Maximilien
Kolbe
(1894-1941)
1667
QUI ATTIRENT LA MISÉRICORDE DE DIEU
QUI LIBÈRE DE "LA GRANDE PEUR DU XXe SIÈCLE"

OUI, NOTRE MONDE EST À LA FOIS ENFER ET ROYAUME DE DIEU ...
MAIS L'EXULTATION PASCALE COLORE TOUT DE SA LUMIÈRE !
ON CONNAÎT LE SALUT HABITUEL DE SAINT SÉRAPHIM, ADRESSÉ À TOUT HOMME RENCONTRÉ :
MA JOIE, CHRIST EST RESSUSCITÉ !
RADOS
MOÏA

SAMEDI 24 SEPTEMBRE 1938, LE STARETS SILOUANE EST PARTI VERS DIEU, EN GRANDE DOUCEUR ET SÉRÉNITÉ
"LES PAUVRES QUI N'ONT POUR TOUTE RICHESSE QUE LEUR AMOUR POUR DIEU, RENCONTRENT LA MORT AVEC PAIX" (ES 293)
Luc 2, 25-32
UN ÉVÊQUE SERBE, NICOLAS, NOUS DONNE CE TÉMOIGNAGE :
De ce merveilleux moine, on ne peut dire qu'une chose : c'est une âme remplie de douceur. Tout pèlerin du Mont Athos ressentait la même chose ...
De toutes parts, de nombreux moines accouraient vers lui pour recevoir ses conseils.
Il les vivifiait par son immense amour.
Moi aussi, je sentais combien sa prière me fortifiait.
Le livre de sa vie, tout emaillé de l'or de l'Amour, est presenté par son ange gardien au Juge Éternel qui dira :
" MON FIDÈLE SERVITEUR SILOUANE, VIENS, ENTRE DANS LA JOIE DE TON SEIGNEUR ! "

LE STARETS AIMAIT INFINIMENT LES PAROLES DU CHRIST :
" PÈRE, JE VEUX QUE LÀ OÙ JE SUIS, EUX AUSSI SOIENT AVEC MOI AFIN QU'ILS CONTEMPLENT MA GLOIRE "
Jean 17, 24
AVEC SAINT SÉRAPHIM IL DIT À CHACUN DE NOUS :
" VENEZ SOUVENT VERS MOI ET APPORTEZ-MOI TOUS VOS CHAGRINS, TOUTES VOS PEINES, PARLEZ-MOI COMME À UN VIVANT, CAR POUR VOUS JE LE SUIS TOUJOURS. "
" PAR LE SAINT-ESPRIT, LES SAINTS VOIENT NOS SOUFFRANCES, ILS ENTENDENT NOS PRIÈRES ET SANS SE LASSER ILS INTERCÈDENT POUR NOUS "
" SI DÉJÀ ICI-BAS, L'AMOUR NE PEUT OUBLIER LE FRÈRE, ALORS COMBIEN LES SAINTS NE NOUS OUBLIENT-ILS PAS ! "
(ES 360)

"QUAND JE VERRAI SON VISAGE ADORÉ, J'IMPLORERAI SA MISÉRICORDE POUR LE MONDE ENTIER... QUE TOUS TROUVENT LE REPOS EN LUI !"
(ES 303)
AVEC THÉRÈSE, SA MISSION NE FAIT QUE COMMENCER, "CAR LEUR AMOUR EST DEVENU PARFAIT" (ES 360)
AVEC LE PÈRE ALEXANDRE MEN ET TOUS LES MARTYRS DE LA SAINTE RUSSIE, SILOUANE CONTINUE À "VERSER LE SANG DE SON CŒUR", POUR QUE L'ESPRIT SAINT SE RÉPANDE SUR LE MONDE :
"... QU'IL FASSE DE NOUS UNE FAMILLE UNIQUE AVEC DIEU LE PÈRE" !
(ES 354)

EPILOGUE

ON DEMANDE DES BRISE-GLACE !

" QUELQU'UN DIRA PEUT-ÊTRE :
SILOUANE, THÉRÈSE ET COMPAGNIE NE FONT QUE DISCOURIR SUR L'AMOUR DE DIEU ...
ES 341
MAIS... CE QU'ON AIME, ON DÉSIRE AUSSI EN PARLER !
AIMER ! ... COMME NOTRE CŒUR EST FAIT POUR CELA
" À NOTRE ÉPOQUE LES HOMMES SONT DEVENUS IMPITOYABLES, COMPLÈTEMENT ENDURCIS, ILS NE RESSENTENT PLUS L'AMOUR DE DIEU ... " (ES 350)
SILOUANE NOUS RAPPELLE AVEC FORCE QUE " SANS AMOUR IL EST PÉNIBLE DE VIVRE SUR TERRE " (ES 387)
♡ = ?
MAIS AUCUNE CONFÉRENCE DE PAIX, AUCUNE " PERESTROÏKA " OU RÉ-FORME SOCIALE (SI IMPORTANTES QU'ELLES SOIENT) NE PEUT NOUS DONNER CET AMOUR ... "
ON EN A MARRE !
NON DE NON !
CAR CE REFRAIN REVIENT SANS CESSE SUR CHAQUE PAGE DE SES ÉCRITS :
C'EST SEULEMENT PAR LE SAINT-ESPRIT QUE CET AMOUR PEUT ÊTRE CONNU ET RESSENTI !

IL FAUT DONC SUPPLIER SANS CESSE POUR RECEVOIR L'ESPRIT QUI SEUL PEUT NOUS RENDRE CRÉATIF
" SI LES CHEFS DES PEUPLES CONNAISSAIENT L'AMOUR DU CHRIST, ILS NE FERAIENT PLUS JAMAIS LA GUERRE "
(ES 296)
" LES RICHES MÉPRISERAIENT LEURS RICHESSES, LES SAVANTS LEUR SCIENCE, LES GOUVERNEMENTS LEUR PRESTIGE."
(ES 289)
IRAK
USA
PetroL
" C'EST LÀ QU'ON TROUVE LA LIBERTÉ ET L'ÉGALITÉ : CAR DANS TOUTE CONDITION ON PEUT AIMER DIEU "
(ES 316)
?
"ALORS LE PARADIS SERAIT SUR TERRE, CAR SEUL RÈGNERAIT L'AMOUR "
"LE ROYAUME DE DIEU C'EST LE SAINT-ESPRIT QUI VIT AU DEDANS DE NOUS "
(ES 320)
" SI LES HOMMES CONNAISSAIENT LE SEIGNEUR, **EN UNE HEURE**, LA FACE DU MONDE ENTIER SERAIT CHANGÉE "
(ES 385)

SEIGNEUR, DONNE-NOUS DES "NAÏFS" COMME SILOUANE, QUI CROIENT
QU' " À TA MISÉRICORDE, TOUT EST POSSIBLE ! "
(ES 287)
POUR REPRENDRE LA QUESTION DU DÉBUT DE CE LIVRE : CE QUI MANQUE CE SONT DES COEURS DE FEU QUI EXAGÈRENT L'AMOUR !
NOUS SOMMES ENTRÉS DANS UNE ÈRE GLACIAIRE : LES HOMMES MEURENT DE NE PAS OSER AIMER ...
C'EST UNE PARALYSIE GÉNÉRALE ! "NOUS SOMMES ATTACHÉS AUX CHOSES DE LA TERRE" (ES 295)
PRIVÉ
PROPHÉTIQUEMENT, DOSTOÏEVSKI (1821-1881) ÉCRIVAIT :
" C'EST LA VOCATION DU PEUPLE RUSSE DE PROUVER QUE L'ON NE PEUT PAS VIVRE SANS LE CHRIST ! "
" LE PEUPLE RUSSE SE RÉVEILLERA ET IL SORTIRA EN PLEIN JOUR LA LUMIÈRE DU CHRIST POUR LA RENDRE À L'EUROPE QUI L'A PERDUE ... "

IL FAUT SE PRÉPARER PAR LA PRIÈRE CONTINUELLE QUI NE SE SÉPARE PLUS DE LA RESPIRATION ET DU BATTEMENT DU CŒUR
PAR DES MOYENS SIMPLES ET CONCRETS : LA PRIÈRE DE JÉSUS, LE CHAPELET...
POUR QUE LE NOM DE JÉSUS DEVIENNE COMME UNE FLAMME D'AMOUR QUE NOUS POUVONS TRANSMETTRE ...
VOILÀ LA VRAIE REVOLUTION !
PAR CHAQUE GESTE, SOURIRE, PENSÉE OU PAROLE. TOUT DEVIENT EUCHARISTIE !
Statue de Lénine
C'EST AINSI QUE NOUS SERONS DES "BRISE-GLACE DE DIEU" QUI TRANSFORMENT CE MONDE EN "CIVILISATION DE L'AMOUR"
CETTE TRANSFIGURATION DE LA CRÉATION, PAR CHAQUE ACTE D'AMOUR, DE JUSTICE ET DE BEAUTÉ, EST LE THÈME PRÉFÉRÉ DES PHILOSOPHES RELIGIEUX RUSSES DU XXème SIÈCLE.

IL ME SEMBLE QUE C'EST LÀ OÙ L'ORIENT ET L'OCCIDENT CHRÉTIEN DOIVENT SE RENCONTRER
DANS CETTE PRÉSENCE PROPHÉTIQUE QUI OSE ALLER À CONTRE-COURANT, POUR VIVRE UNE NOUVELLE DIMENSION DE L'AMOUR !
PARDON POUR NOS MANQUES DE DÉLICATESSE ET DE RESPECT !
FAISONS TOMBER NOS MURS DE MÉFIANCE ET DE PRÉJUGÉS !
PIERRE
André
(ES 314)
" SI NOUS NOUS AIMIONS DANS LA SIMPLICITÉ DU CŒUR, LE SEIGNEUR NOUS MONTRERAIT BEAUCOUP DE MIRACLES "

POUR VIVRE DANS L'AMOUR DE DIEU QUI EST "INSATIABLE" ET "SANS LIMITES" (ES 312, 266)
SILOUANE NOUS MONTRE "LA VOIE LA PLUS COURTE" (ES 304)
"NE TARDE PAS, REPENS-TOI ET JOUR ET NUIT DEMANDE À DIEU DE TOUTES TES FORCES DE TE DONNER L'AMOUR FRATERNEL ET L'HUMILITÉ DU CHRIST !" (ES 304, 386)
"JE T'EN SUPPLIE, FAIS UN ESSAI ! AU DÉBUT FORCE TON CŒUR À AIMER TOUS LES HOMMES ET LE SEIGNEUR T'AIDERA.." (ES 344)
"CAR SA GRÂCE VIENT SURTOUT DE TON AMOUR POUR TES FRÈRES" "C'EST PAR EXPÉRIENCE ET EN LE RESSENTANT QUE TU LA CONNAÎTRAS !" (ES 337)
"ET PLUS TU AIMES, PLUS GRANDE DEVIENT LA FLAMME DE L'AMOUR" "... C'EST INEXPRIMABLE" (ES 348)
"... ET TU NE DÉSIRERAS PAS DE REPOS, TANT QUE TOUS NE SONT PAS DANS LA JOIE DE L'AMOUR DU SEIGNEUR" (ES 302)

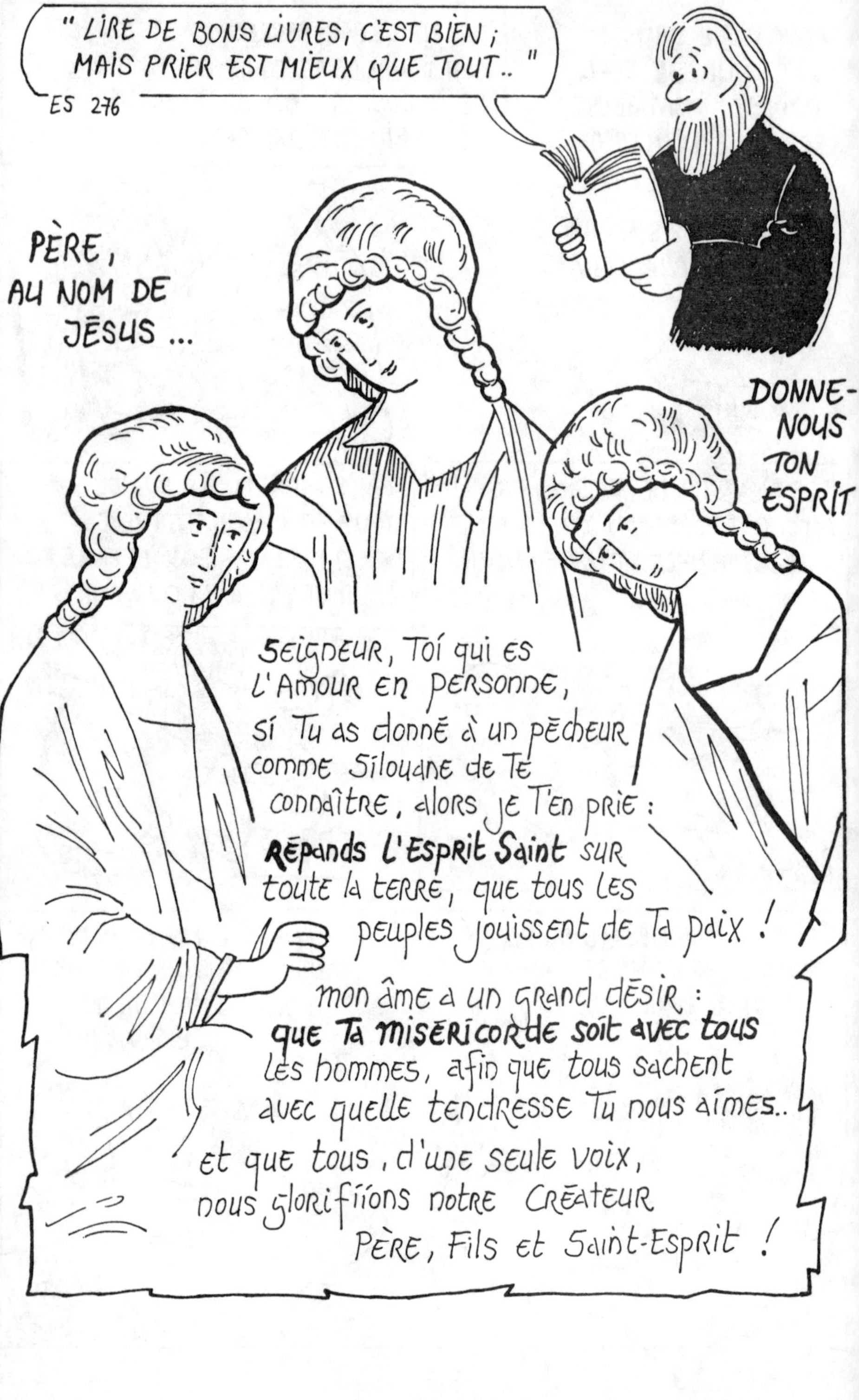

" LIRE DE BONS LIVRES, C'EST BIEN ; MAIS PRIER EST MIEUX QUE TOUT.. "
ES 276
PÈRE, AU NOM DE JÉSUS ...
DONNE-NOUS TON ESPRIT
Seigneur, Toi qui es l'Amour en personne, si Tu as donné à un pécheur comme Silouane de Te connaître, alors je T'en prie : **Répands l'Esprit Saint** sur toute la terre, que tous les peuples jouissent de Ta paix !
mon âme a un grand désir : **que Ta miséricorde soit avec tous** les hommes, afin que tous sachent avec quelle tendresse Tu nous aimes..
et que tous, d'une seule voix, nous glorifiions notre Créateur Père, Fils et Saint-Esprit !

Impression réalisée sur CAMERON par

BUSSIÈRE CAMEDAN IMPRIMERIES

GROUPE CPI

à Saint-Amand-Montrond (Cher)
en mai 2001

N° d'impression : 012602/1.
Dépôt légal : mai 2001.

Imprimé en France